やってるつもりのチーム学校

協働が苦手な先生たちも動き出す校内連携のヒント

片山紀子 編著　森口光輔 著

はじめに

チーム学校という言葉を聞くことが多くなりました。学校が外部の専門家とも連携してチームとして学校を運営していくことが求められているわけですが、本書は学校の内部をどうチーム化にするのかに焦点を当てました。学校現場で、より切迫して求められているのが、外部連携によるチーム化の前段階にある、校内のチーム化だからです。

学校では、マスメディアで取り上げられるような学校事故やいじめ自殺事件など不幸な事故や事件が時々起きます。その原因をよくよく検証していくと、実は校内がチームになっておらず、情報の共有もビジョンの共有もなされていないなど、事故や事件が起きる前から深刻な状況にあることが少なくないことに気づかされます。

本書で述べている「チーム化」とは、単に校務分掌として組織を整えるというものではありません。困ったことがあったら気兼ねなく相談でき、必要な時には協力できる、そんな機能する組織に積極的にしていくことを指しています。本来、チーム化は特別に難しく考えるようなことではないかもしれません。でも、教職員の個別化や孤立化が加速しつつある今の学校現場を見ていると、意図的に整えなくては、いつまでたっても実現できそうにありません。

長時間労働だってチーム化をうまく図れば改善されるはずです。周りにいる教職員とチームになって、お互いに支え合い、困ったことがあったら創造的に物事を解決すれば、仕事が早くできて楽になるんです。それだけでなく、生きていくのも楽になれます。

近年、新人の採用が大きく進んだことで、教員の年齢構成は大きく変わっています。ベテラン層や中堅層が減り、若手教員の人口が急激に増えています。以前は、ベテラン世代が多く、若手教員が少ない人口構成でしたが、今は逆転してしまっています。各年代の教員がバランスよくいるのが理想ですが、なかなかそうはいきません。チーム化を図る際には、こうした教員の人口構成比も意識する必要がありそうです。

マキャベリの『君主論』には、「人は、慎重であるよりは、むしろ果断に進むほうがよい。（中略）運命は、冷静な行き方をする人より、こんな人のいいなりになってくれる」とあります。筆者も石橋を叩いて渡らないより、思い切って困難に立ち向かうほうが、たとえ失敗したとしても、途方もなく大きなものが得られると考えています。さあ、思い切って校内のチーム化に挑戦してみませんか？「きっとよい結果がもたらされる」。そう筆者は確信しています。

本書には、学校ですぐに実践できそうなチーム化への解決策がいくつも示されています。出来うる限り、チームをどうつくるのかが先生方にイメージできるように、そしてすぐに自分の学校でもやってみたいと思ってもらえるように仕上げたつもりです。どこからでもよいので、どれか一つでもよいので、やってみてください。本書が読者の皆さまにとって、チーム化のヒントになればと願っています。

２０１７年７月　片山紀子

目次

第4章 チーム化へ 10の極意

第5章 チームを動かすための戦術

第6章 チームをレベルアップさせるための戦術

第7章 心をほぐし、つなぐための戦術

第8章 実践例「話し合い活動」に取り組んだ学校

第1章

チームプレイが苦手な先生たち

1 自分だったらこうするのに、なぜあの先生はしない

学級崩壊しそうな学級があった時、「自分だったらこうするのに」という声を職員室で聞くことがあります。学級がうまく回っている先生から聞こえてくることが多いかもしれません。

ある時のことです。子どもが授業中に友達と暴れていて顔にあざをつくったのですが、担任はけがを負わせた子どもに謝らせ、「授業中に暴れたらダメです」「次からは気をつけるように！」とだけ言って、家に帰しました。

その後、帰宅してけがをした子どもの保護者から「なぜ、うちの子がけがしたのか？」「なぜ、けがをしたうちの子まで先生から怒られなくてはいけないのか？」と、電話がかかってきました。保護者の怒りがなかなか収まらないので、担任はその対応に必死です。

その時です。なかなか止まないその電話のやり取りを聞いていた学年主任は、「私だったら子どもが納得するよう指導してから家に帰すのに……」とか、「私だったら、すぐ保護者に連絡するのに……」とか言うわけです。

その他にも「私なら、すぐに学年主任に相談するのに」「私なら、まず家庭訪問に行くのに」「私なら授業で勝負するのに」なども耳にされたことがあるのではないでしょうか？

「私ならもっと授業で話し合いのつぶやきを拾って、話をつなげるのに……」「私なら、子ども同士が話し合って解決するよう、仕掛けるわ」「私が若い時は、土日返上して授業づくりしていた」「私が若い時は、家庭訪問に毎日行って、親の思いを聞いて回った」「私なら、苦手な先生でも、一緒に飲みに行って語り合うのに」「始業式や終業式に、ジャージやラフな格好でくるなんておかしい。私なら言われなくても、服は正装に準じたものにするのに……」。

何年経ってもこのアルアルはなくなりません。

2 言わなくても動いてほしい

若い先生が拙い授業を展開し、学級が騒然としていると、管理職やミドルリーダーの先生の機嫌が悪くなるそうです。

「俺の時代は、先輩の背中を見て、自分から学んだ」
「若い先生は、自分からなぜ聞きに来ない。なぜ見て学ばない?!」

また、管理職やミドルリーダーからは「言われなくても、動いてほしい」という声も。学年主任が気を利かせて、学年便りをつくり、プリントを印刷して、ホームページの更新をしても気づかないらしいのです。廊下の窓の開け閉めは、もはやミドルリーダーの仕事？ と思ってしまうほど。

どうも、分担されていない仕事に対するアンテナが低い先生が増えているとか……。

そして「○○しておいたよ」と勇気を出し、皮肉にならないように伝えたら「ありがとうございます」のひと言が返ってくるのですが、その後もミドルリーダーが仕事をこなしているそうです。こんな時「言われなくとも、動いてほしい」というつぶやきが、よく聞こえます。

何度言っても提出期限を守れない、時間にルーズ、分担した仕事や当番の仕事をしない。こんな時も「言われなくともしてほしい」という言葉が漏れ聞こえます。

「指摘に気を遣う」「誰かがしなくてはならない」「していても気づいてもらえない」そして「イライラする」こんな不協和音が学校の中で聞こえませんか？

3 言わなければわからない、言ってもわからない

「前、言ったのに」「そこまで言わなければ、ダメか?……」いえいえ、今は「そこまで言ってもダメか?」です。言うだけでこちらが期待する行動や結果を出せるなら、そんな簡単なことはありません。

ＰＴＡ役員を選ぶ際、選ばれては困る理由のある保護者は事前に内申書を出すようになっていた学校がありました。締め切り前には担任に声をかけ、当日の予定が書かれたホワイトボードにも締め切りを記載し、締め切り直前には、放送が聞きやすい給食時間に、まだのクラスは提出するように、さらには子どもにまだ手元に持っていないかについても声かけするように、放送までしました。

「そこまでする必要があるの?」ですよね。実際、そこまでしたのです。

しかし、その日にＰＴＡ選挙管理委員が集計を終え、役員決定のお知らせが作成さ

れた後で、ある先生から「子どもから預かった用紙を出し忘れていました」という一言が……。そこにいた者一同、唖然としました。

事前の声かけ、ホワイトボードへの記載、直前の放送、職員室の目立つ所にある回収用ＢＯＸ、全てスルーされたのです。しかも、以前にも同じようなことがあったため手厚く対応したにもかかわらずです。

その先生に聞くと、「事前の話は、その場にいなかった。同じ学年の先生に聞くのを怠っていた」「ホワイトボード、回収ボックスはよく見ていなかった」「放送は音量をゼロにしていた」とのことです。

最近はこんなことも聞きました。校外活動引率で、学年主任が、他の先生たちに子どもより先に集合場所に来るように伝えていたそうです。にもかかわらず、若い先生が来たのは子どもの集合時刻の数分前だったとか。

早い子だと集合時刻の30分前には来ています。集合予定の数分前には子どもたち全員が揃《そろ》っていて、最後に引率の先生2名が到着したのです。すぐにその2名の先生には指導したそうですが、事前にどこまで言えばよかったというのでしょうか？

4 言われたことしかしない

ある学校で、「子どもが本当に授業を理解できているか確認するために、机間指導を積極的にしていきましょう！」と職員会議で決まりました。

その結果、授業時に子どもの席を回って指導する先生の姿が増えたそうです。しかし、指導の様子をよく見ると、気になる子どものノートには何も書かれていない状態なのに授業を進めている先生が何人もいたそうです。中には、1回机間指導したら終わり！「翌日からはやっていません」と言った先生もいたとか。「なぜ、机間指導をするのか？」という意味は考えないのだそうです。

こんなケースもあります。子どもが学校でけがをしたので放課後保護者に知らせるようにと伝えたら、けがをしたことだけしか保護者に伝えていなかったそうです。その結果、「なぜ、けがをした？」「うちの子が悪いのか？」「学校は何をしていた」と不信感を抱かせる始末に。保護者が安心するための対応をお願いしたのですが、担任の無機質な対応で余計に揉めることに。他にも、「保護者に連絡した？」「まだです」というやり取りも多く、気を揉むのだそうです。

ある先生は、あまりうまくいっていない学級の掃除を手伝った際、廊下の雑巾や手洗い場が汚いままで、掲示物も剥がれたままだったので、「教室環境を良くして、子どもを落ち着かせよう」と担任に伝えましたが、数日後はやはり同じ状態だったとか。言われた時だけはきちんとしたんですけど……。教室環境が良くなくても、それがすぐに問題として表面化するものではないのですが、このまま学級崩壊に向かっていくことは間違いないです。

大きな問題が起きてから後手に回るケースが、この「指示待ち。言われたことしかしていない」状態です。この状態は、学校が落ち着いている時には問題ありません。学年や学校が苦しくなった時にフォローのしようがなく、支障が出てくるのです。

5 嫌な人だと思われたくないから、言わない

ある学校で、ついに2年生の学級が崩壊してしまいました。すると、「いつかはなると思っていた」と学年主任や周りの先生が言い出します。ただ、崩壊する前に、指摘する人は誰もいませんでした。

学級崩壊の危険信号を察知しても、本人に伝えず、問題が起きたら、そばにいて共感するだけ。他にも「それはよくない」と思うことはあっても、直接言えずにいる先生は多いようです。

参観日に、ビデオ撮影を禁止していた学校の話です。ある保護者が、禁止されているビデオ撮影をしていました。放課後の職員室では、職員会議や研修の場で発言しないミドルリーダーたちが、「あれはおかしい」「入れさせたらダメだよね」「それを言えないのが課題」との話で持ちきり。自分のクラスの保護者ではなかったからか、他人《ひと》

事《ごと》のようにつぶやいているだけで、当該クラスの担任には誰も何も言いません。面と向かって言わずにいるスタイルが身についているのでしょうか？「誰か言わなくてはいけない、でも誰も言わない」。この、どこか他人《ひと》任せの学校組織で、人が育つのでしょうか？

かかわる人が多くなればなるほど、提案する量や範囲が広がり、ぶつかることも増えてきます。学級の個業で仕事をしている場合や、仲良しグループで仕事をしている間はお互いに「いい人」で終われますが、特に学年主任や教務主任、生徒指導主事、研究主任といったミドルリーダー層以上になるとそうはいきません。

気づいたことを言い合えるようになるには、一体どうしたら良いのでしょうか？

6 相手に言うぐらいなら、自分でしたほうがいい

「できる人が率先してやったらいい」「できないのなら自分がしたほうがいい。そのほうが早い」という声もよく聞きます。合理的な考えで、多忙な学校ではそんな先生の存在はありがたいのかもしれません。

しかし、できる先生ばかりで仕事をしていると、できる人ばかりに安易に仕事が増え、これからの学校を担う若い先生は、いつまでも仕事がわからないので育ちません。また、一部の先生でできる仕事は限られた仕事であり、いずれ手が回らなくなり、多忙にも拍車がかかります。「やっていられない」といった声であふれ、悪循環が生まれるのも目に見えています。

ずっと体育主任をしていて、運動会前には、朝一番に全校練習用のラインを一人で引いていた先生がいました。「朝7時半から体育部みんなで準備するのに、先生一人

でされたのですか？」と聞くと、「できる者がしたらよい」と得意げな返事が戻ってきました。

他の体育部の先生方は、ライン引きの仕事が回ってこなくてラッキーだと思っていましたが、その先生が体育主任を交代した後が大変でした。「体育主任がラインを引くものだと決まっていた」「新しい体育主任になって仕事が増えた」と暗い雰囲気に包まれたのです。前の体育主任は一人で仕事をしていたので、人に教えたことがなく、組織としてうまく回らなくなっていました。次に引き継ぐということを考えたこともなかったので、引継ぎ資料も用意できていませんでした。

誰か他の先生に頼むぐらいなら自分でしたほうがいいと思っている先生は、自分流の資料はあるかもしれませんが、経験のない新たな先生が取り組むには、情報が不足し過ぎていて困ります。率先してくれる先生に任せてしまうと、目先の仕事はサッとできて助かるのですが、残念ながらその先はないのです。

7 あなたと合わない、価値観が違う

「価値観が違ったんです」

芸能人の離婚会見でもよく聞くこの言葉。きっと「なぜ、こうも考え方が違う？」「ふざけるな！」「こっちのほうが正しいのに」、なーんてことを心の中で叫んでいたんだろうなと想像します。「価値観が違う」のは、学校の中でも同じです。

「〝学校行事〟で子どもを育てる」

VS

「〝日々の授業〟で子どもを育てる」

普通に聞けば、どちらも大事にすればよいと考えてしまいますが、実際には行事に授業時数をどれほど使うのか、普段の授業時数をどう確保するのかという、運営上の問題が生じます。

特に問題となるのが、行事のための練習や製作に時間をかけ過ぎる学級が出てくることです。あまりにも力を入れ過ぎている様子に、ある先生は「授業時数確保のため、行き過ぎた学校行事をある程度簡素化しましょう。確かな学力を保証しましょう」と呼びかけます。すると「子どもの笑顔を奪うのか」「面白くない学校にしていくのか!!」と、反発するわけです。最初に提案した先生は「楽しい授業・わかる授業で勝負しましょう」と言い返すのですが、やがて「あなたとは価値観が違う」となるわけです。よくあることで、交渉は決裂。

その他にも、「そこまで部活動をする必要があるのか？」「規律が厳し過ぎないか？」「その業務、毎日する必要があるのか？」「その指導法しか駄目なのか？」と、様々な場面で衝突。「価値観が違う」と投げ捨ての言葉で最後は終わり。

よく考えれば、みんな「子どものため」なのは一緒で、ゴール自体は同じなのですが、指導法に違いがあるようです。お互いに価値観の違いを認めていけたらいいんですけど……。

8 相談に来ない

「相談に来ない」ことが、よく問題視されます。学級崩壊を起こしてしまった先生に、「どうしてもうちょっと前に相談に来なかったんだ?!」と怒鳴りたくなった経験はありませんか?

「わからなかったら聞きに来てね!」と誰もが口にするのですが、実際にはその後「全然聞きに来ない」ということが起こっているようです。相談に行くには、いくつものハードルがありそうです。若い先生に、なぜ聞きに行かないのかを尋ねてみました。

■「聞くほどではない、できていると思っていた」

⇩現状把握ができずにいる。

■「いろいろと忙しかった」
⇩余裕がない、後回し。

■「あの先生とかかわり合うのが苦手」
⇩人間関係に難あり。

■「忙しそうで聞きにいけない」「機嫌が悪い」
⇩聞きにいける雰囲気ではない。

■「レベルが違う、気軽に聞きにいけない」
⇩普段から敷居が高い話が多い、息苦しさを感じている。

■「的外れの意見が多い」「すぐ怒る」
⇩アドバイスの幅や方法が狭く、若手のニーズに合っていない。

■「一人では行きづらい」「何を聞いていいかわからない」

⇩経験不足、奥手

いかがですか？ 身に覚えがあるものばかりではないでしょうか？ 逆に、聞きに来る先生は右記のハードルを越えて聞きに来ているわけで、実行力もあります。実は、相談に来る力がある先生は、もう自立できている先生なんです。

みなさんの周りでは、自分から相談に行く先生は多いですか？ 周りに助けを求める力、相談する力は、先生としてとても重要です。他者との意見交流が、その先生の視野を広げます。「相談に来たらよい」と、言葉一つで片付けていては何も解決しません。相談するには何がハードルになっているのかを考え、かかわり方を変えたほうがよさそうです。

第2章

チーム化がより一層求められる時代に突入

1 これからはこんな教師が求められる

中央教育審議会の教育課程特別企画部会が示した「論点整理」（平成27年8月）は、グローバル化や少子高齢化の加速により、日本の国際的な存在感の低下を懸念しています。

グローバル化や情報化の進んだ現代は、知識基盤社会だと言われ、人生を選択できる幅は以前に比べるとずっと広がり、便利に生きることも可能にしています。そうした知識基盤社会の裏面として、「ハイリスク社会」であることもまた事実です。

「ハイリスク社会」とは、言い方を変えれば、曖昧さや変化、不確実性に対応する弾力性が要求される社会だということです。これからの時代の子どもは、グローバル化や情報化など、社会環境の急激な変化を受けて、先の読めない、明らかな解のない、より一層リスクの高い社会の中で、主体的に一つひとつの問題を自分で解決し、たくましく生きていかなくてはならないのです。

もちろん、これまでも先人はみな明確な解のない時代を生きてきたわけで、何かが急に変わるわけではありません。とはいえ、戦後人々が信奉してきた価値観が当てにならなくなっていることは、既に皆さんも実感していることでしょう。

そうなると、これからの時代を生きていく子どもたちを教える教師も、これまで通りであってよいはずがありません。自分で周りと協力して解を見つけ、たくましく生きていける教師であらねばならないのです。ここが、今までの教師像と一番違うところです。一人だけで仕事を完結しさえすれば、あるいは既にわかっていることを教えさえすればそれで済む時代ではないのです。

周りと協働しないなんて、そんな大損する道をあえて選ぶ必要はありません。周りにいる先生は資源をたくさんもっていますし、それをいただかない手はないんです。ヘンに仲良くしようと言っているわけではありません。知恵を出して、スマートに仕事を進めていったほうがお得だと言いたいのです。周りを大いに取り込み、知恵をもらいながら効率的に仕事を進め、長時間労働から脱却する方策を探りましょう。

2 人間関係力の弱い先生が急増している？

自分の言いたいことも言わず、誰かとぶつかることもなく、静かに職員室にいて、気づくと学校から消えている若い先生がいます。誰だって最初は仕事が難しいでしょうし、わからなければ周りの先生に自分から尋ねたらいいのに……と思うのですが、なかなか難しいようですね。

自分ができないと思われることを警戒しているのでしょうか？　人に尋ねることが煩わしいのでしょうか？　あるいは、そもそも人に尋ねるなどということが念頭にないのでしょうか？

自ら人とかかわろうとする力のことを「人間関係力」と言います。これは、もっと簡単に言うと、人に「助けて」と言える力です。この人間関係力があるかないかによって、人生の選択肢や幅が大きく違ってくるように思います。人に助けてと言えるのは、生きていく上での武器になるのです。人間関係力の弱い先生が急増しているのかどうか、本当のところはわかりません。精神性疾患による休職者が増えている事実から推察することはできますが、保護者の要求や勤務内容も次第に変わってきているので、何が原因なのかははっきりわかりません。教師を志望する人は、もともと開放的で人とつながりやすいタイプの人が多いようにも思いますが、その一方で、同僚とかかわるのを面倒くさがってしまう人や独立指向が強く周りと協働するのが苦手なタイプの人もいます。

子どもたちの人間関係力が弱いことは、よく指摘されています。しかしながら、子どものころから塾通いをし、外遊びよりは家庭用ゲーム機で遊び、携帯電話に依存するというデジタル世界の中で育ってきた点では、既に若い先生方は今の子どもたちと似通った生活をしてきたと言えます。生身の自分が傷つくことを怖れて、ありのままの自分をさらけ出したり自己開示したりしながら他者とかかわることが苦手な先生の姿を見かけると、とても気になります。

先生の自己開示力が弱く、何を考えているのかがわからなければ、子どもたちはどうしてよいのかわかりません。もちろん、上手に自己開示することができて人間関係を築くのがうまい先生もいます。人間関係を築くのが上手な先生は、次々と周りの人とつながり、社会関係資本を着実に蓄積しながら、いろいろなチャンスを呼び込むことができているのです。わかりやすく言えば、仮に自分一人でできなくても、周りに訴えかけて、人に助けてもらう力があるのです。

「社会関係資本」、すなわち、人とかかわる力がたくさんあれば、周りの人から様々な情報やサポートが得られやすいでしょうし、仕事もやりやすいでしょう。人とかかわり合うことで、自分とは違う考えを持つ人がいることを知り、他者の立場を理解すると同時に、他者から助けをもらうこともできます。

いかに先生同士でかかわれるようにするのかが、ポイントです。ホントにダメな先生なんて、そんなにいません。ダメと言われる先生にも必ず良いところがあります。人から必要とされれば、どんな人もきっと変わるはずです。そこを探すのは、結構おもしろいことなんです。

相談に来ない

普通、わからなかったら聞きにくるでしょうが!!

何ぼでも教えるのに!!

でも、「聞きにこない」から指導しないのもダメだよね。

どうすればいいのかな？

相談する練習に付き合う

相談にくるのを待つのではなく、当人から悩みを聞き、「そのことなら、○○先生に一度聞いてみるといいよ」と言ってあげます。

その先生がいるところで会話し、その後すぐ相談に行ってもらうようにすると万全です。

一度「相談できる関係を築けた」という経験が大事なのです。頼られた先生は、忙しくとも目を輝かせて教えてくれます。校長先生も相談相手としては意外とお勧めです。

3 教員間に溝がある？

■若い教員とベテラン教員の間に溝がある

今、学校現場では世代交代が著しく、若い教員が劇的に増えています。その若い教員とベテラン教員の間には、意識に歴然とした差が認められます。もちろん若い教員とベテラン教員では、経験に差がありますから意識に差があって当然なのですが。

若い教員は一般に子どものことは見ようとしますが、その背後にある帰宅後の子どもの様子や保護者のことにはなかなか目が向きません。子どもの背景を考えないと、子どもに迫ることは難しいのですが、なかなかそこに考えが及ばないのが特徴です。

■男性教員と女性教員の間に溝がある

女性の社会進出は進みましたが、まだまだ家庭でも家事や育児の負担が女性に大きいことは否定できません。このため、女性教員には時間の制約が大きく、勤務時間内にできるだけ仕事を終えたいと考え、男性教員よりも時間に追われています。

また、男性教員は合理的に考えて物事を進めがちですが、女性教員はどちらかといえばほめられたり、認められたりして、感情的に受容してもらってはじめて動く傾向にあります。どちらが良いとか悪いとかではなく、そうした違いがあるのです。

■小学校教員と中学校教員の間に溝がある

教科担任制をとる中学校よりも、学級担任制をとる小学校のほうが、担任単独での作業が多く、それぞれが孤立した環境にいます。うまくいかなければ孤独感はきわめて強いものとなります。また子どもの年齢が低いがゆえに、保護者から学校への期待も高く、それによって生じる保護者対応においても負担が大きいかもしれません。

一方、中学校教員は教科担任制のため、生徒理解などに関する学年間での連携は図りやすいかもしれませんが、半面、同じ学年間であっても担当する教科はバラバラなため、小学校教員に比べ、学習面での連携はしにくいと言えます。

こうした点から、チーム化については、小学校と中学校で若干違った方法が検討されてよいかもしれません。

4 保護者が多様化している？

学校には、いくつものステークホルダー（利害関係者）が存在します。中でももっともかかわりが深く、学校がうまく回るかどうかの利益に直接つながるステークホルダーが保護者だといえるでしょう。

その保護者が多様化しています。例えば一方はクレームも含めて非常に学校とかかわろうとする保護者であり、他方はできるだけ学校とはかかわりたくないと欲する保護者です。そうした多様な保護者に想像力をめぐらせながら、担任が一人で判断し、対応するのは至難の業です。

具体的には、「塾に行っているから宿題は出さないでくれ」という保義者もいれば、「経済的にも苦しいので塾に行かせる余裕はない。何とか学校で学力をつけてほしいし、宿題もたくさん出してほしい」と懇願されるなど、要求が二極化することがあって、先生方は戸惑わざるをえません。もちろん生活に余裕がなく、宿題に関心を持ちたくても、持てない保護者の方も、その一方にはおられます。

でも、若い先生、とりわけ経験5年未満の先生の場合、保護者がどうして戸惑っているのか、何に怒っているのか、何に困っているのかがわかりにくいですね。経験が少ないので保護者の困りのあれこれが、想像しにくいのです。

特に、保護者との少しややこしい話など、若手教員には無理です。それは若手教員に力がないからとか、頼りないからとか、そんなことではなく、彼らはまだ教職経験や人生経験が浅く、40歳や50歳の保護者に対して、思春期のややこしい子育ての相談にのったり、アドバイスしたりするなどは、ハードルが高すぎて頑張ろうとしても限界があるのです。ある意味、できなくて当たり前なのです。

そんなとき、あなたの学校のベテラン教員は活躍していますか? 若手には若手にしかできないこと、ベテランにはベテランにしかできないことがあるはずです。

5 仲間とともに問題を創造的に解決する

チーム学校とは、一体何でしょうか？ 中教審答申（平成27年12月21日）「チームとしての学校の在り方と今後の改善方策について」では、次のように言っています。

「チームとしての学校」の体制を整備することによって、教職員一人一人が、自らの専門性を発揮するとともに、専門スタッフ等の参画を得て、課題の解決に求められる専門性や経験を補い、子供たちの教育活動を充実していくことが期待できる。

具体的には、学校だけで子どもの問題行動等に対応するのではなく、もっと周りの専門家、スクールカウンセラー（SC）やスクールソーシャルワーカー（SSW）、あるいは警察、弁護士、児童相談所といった諸機関、さらには地域人材等を活用しながら一体となって子どもたちを育てていくことを求めています。

先の中教審答申も指摘する通り、今日の学校は、「学習指導・生徒指導に加え、複雑化多様化する課題が教員に集中し、授業等の教育指導に専念しづらい状況がある」わけです。社会環境が激変していく中、旧来のように学校はもはや学校だけでは完結しえなくなっており、そのためのチーム化が強調されています。学校は旧来とは異なる形を模索する必要に迫られており、その一つがチーム化というパラダイムシフト（理論的枠組の変化）なのです。

中教審答申（平成27年12月21日）「これからの学校教育を担う教員の資質能力の向上について」で述べられているとおり「『チーム学校』の考えの下、多様な専門性を持つ人材と効果的に連携・分担し、組織的・協働的に諸課題の解決に取り組む力の醸成が必要」であり、チームとして取り組むことが求められているのです。

組織の中にいて、孤立しながら仕事をするのはつらいことです。意識しなければ見過ごしてしまいますが、教職員の中には、例えば小さい子どもを抱えた人や家に帰れば親の介護をしなくてはならない人もいます。とはいえ、どんな家庭環境であったとしても、学校現場では生徒指導的な問題は生じますし、家庭訪問が必要な事態もよく起こります。その家庭訪問がさっさとできたらよいのは本人もよくわかっているのですが、保護者の帰宅時間と保育所のお迎えの時間が合わず、訪問できそうにないことも実際にはよくあるのです。気にはなっていても、なんとなくずるずると家庭訪問できず、そのうち事態が深刻化する……なんてことも珍しくありません。

こんな時、人に助けを請うことができるチームなら、学年主任や生徒指導主事に様子を伝えて、他の教員が家庭訪問するとか、何らかの別の方法を考えるはずです。一時的には誰かに迷惑をかけたとしても、長い目で見れば、みんなで負担を分け合うことで、それ以上事態が深刻にならないのです。こうして仲間とうまく共存していくことで、人は物理的にも精神的にも孤立せずにすみます。それだけでなく、生きていることが楽しくなります。

尾田栄一郎による漫画『ONE PIECE』(集英社)には、「お前にできねぇことはおれがやる。俺にできねぇことはお前がやれ」「おれは助けてもらわねぇと、生きていけねぇ自信がある」というセリフがあります。仲間に助けを求め、仲間を信頼して発する登場人物の言葉に、共感を覚える方も多いのではないでしょうか？

この漫画が共感を呼ぶのは、個性豊かな仲間と協力しながら、創造的に物事を解決していく姿が鮮やかに見せつけられるからでしょう。ここに見るように、チーム学校の核心は、「周りにいる仲間とともに学校が物事を創造的に解決していくこと」にあるのだと筆者らは考えています。

例えば、若手には難しい問題が発生したならば、その時は学年主任や生徒指導主事といったベテランに力を発揮してもらったらよいのです。ただチームだからといって、いつもいつも若手教員をカバーしていたのでは、ベテランがしんどいだけでなく、若手教員も育ちません。軌道に乗ったら、若手教員に任せればよいのです。若手にやってもらえるように上手に譲っていけばよいのです。

6 チーム化が図れないと学校は危機に陥る

マキャベリの『君主論』には「永年、君位についていたイタリアの諸君候が、しまいに国を奪われたからといって、責任を運命に追わせては困るのだ。これは、彼ら君主のせいである。―いいかえれば、凪《なぎ》の日には時化《しけ》のことなど想ってもみないのは人間共通の弱点であって―彼らもまた、平穏な時代に天候の変わるのをまったく考えなかった」という一文があります。確かに人は安泰でいる時、安泰であるということにすら気づかずに安穏として毎日を過ごしてしまいます。病気にならないと健康のありがたみなど、考えもしないのと似ています。

残念ながら、学校では突然、事件や事故が起きることがあります。いわゆる時化《しけ》の日です。防ぎようのない事件や事故もありますが、その後マスメディア等で大きく取りざたされる場合、その背景に校内のチーム化の弱さが原因としてあることが多いです。チーム化が弱いと、危機管理ができないため、事件や事故が起きやすく、事件や事故が起きたあとも、さらにその傷口を広げてしまいやすいのです。そのダメージは図り知れないため、チーム化で未然に防ぐ必要があります。

学校が、チームになっていれば子どもの命が救えたかもしれないと思われる事例は枚挙にいとまがありません。その一つ、大津市の中学2年生（14歳）の少年が、2011年にいじめによって自ら命を絶った事件はまさにそれに該当するでしょう。事件後、大津市中学校におけるいじめに関する第三者評価委員会の「調査報告書」に、危機管理について次のように言及しています。

危機対応で最も大事なことは、教員同士のチームワークであるといわれている。教員相互がわかりあいながら、協力して進めていくことがなによりも大切である。疑心暗鬼にならず、疑問に思ったら話し合うこと、日頃の教員同士の関係づくりがこのような場面で生きてくる。

チーム化が図れなければ、学校は危機に陥ってしまうのです。

7 チーム化をイメージする

さて、みなさんはチーム化と言うと、とてもカチっとして整然とした状態をイメージするのではないでしょうか？　そして、それと同時に息苦しさも覚えるのではないでしょうか？　もっと自由にやりたいのに……と。チーム化は一つ間違えば、集団からの同調圧力（多数派が少数派に同調を迫るために圧力をかけること）がかかってしまいますから、職場が苦しい雰囲気に包まれてしまうことにもなりかねません。

本書で考えているチーム化のイメージは、個が単に集合体となって行う仕事の仕方ではなく、教員同士コミュニケーションを図りながら、一つの組織として仕事を遂行できる状態を指しています。

ただし、そこに同調圧力ができるだけかからないように配慮し、過度に画一的にならないよう気をつける必要があります。一人ひとりの教員に、自由に、あるいは創造的に仕事を行うことが許されていなければ、その組織自体、つまり学校全体が高まることもないからです。

チーム化を考えようとすると、「あの人とはできないんだよね。ダメな先生だし……」と、職員室で浮いている先生の顔を思い浮かべてしまうこともあります。こうした気持ちもよくわかります。

でも、そんなことはないんです。もしかしたらその先生は、人から認められず孤独で不安なだけかもしれません。誰だって良いところはあるんです。どんな先生だって何か他の人とは違う良い面をもっているはずです。まずは、それを認めることからはじめませんか？「○○ができるのは、あなたの強みだよね」と勇気を出して言ってみませんか？人は認められれば、必ずその人なりに活躍してくれるようになります。

子どもの指導や授業改革は、一人でやるよりもみんなでやったほうが、さっさとできるんです。時間短縮できて、効率もぐっとあがります。保護者への対応も一人でやるよりもみんなでやったほうが、心強いんです。安心してできます。

チーム学校とは、何も特別に新しいことでもなければ、難しく考えるようなことでもありません。簡単に言えば、周りに助けてほしいと堂々と公言し、周りにいる人を認め、チームになって、創造的に物事を解決しさえすればよいのです。不安を隠すのではなく、不安で人を非難するのでもなく、不安だから助けてほしいと口にできることからチーム学校ははじまるのです。

さらに言えば、人にやってほしいことは、まず自分がしないといけません。やってもらいたければ、まず自分がやるのです。完璧にする必要はありません。でも言い出した人は、周りから見たらモデルですから、口だけでなく行動で示すのが一番です。言い出したとはいえ、もしかしたら不安があるかもしれません。でもやらないで考えているより、やってから考えるほうがいいと思います。やってうまくいかなければ、やり方を変えたらいいだけの話です。

チーム学校は、はじめからそこにあるものではなく、意識してつくるものです。頭で考えるだけでなく、動いてつくっていくものです。

第3章
チーム化をすすめる前に

1 校内がチームになると、いいことだらけ

さて、学校がチームになると、具体的にどんな良いことがあるのでしょうか?

校内が良い状態というのは、実は良い状態にある学校の先生は特に気づくことはないのです。職員室がチームになって居心地が良ければ、先生たちはそれを意識することがないからです。他方、職員室の居心地が悪いと感じる時は、チームの状態が良くないのです。

職員室の状態が良ければ、何の苦もなく学校へ行けます。でも、そうでなければ毎朝出勤前に気が晴れないでしょうし、勤務中も教室や準備室にこもり、職員室に戻ることを避けるでしょう。

職員室の雰囲気が良いだけで、どれほどの価値があるのかは、教師という職に就いたことのある者であれば、肌で感じたことがあるはずです。職員室の雰囲気を良くすることはチーム化のための近道だと言えます。

志水（2005）の『学力を育てる』には、教員のチーム化が子どもの学力向上に影響を与えることを示唆しています。「（学力向上を実現した学校について……筆者注）こうした成果を生み出すことができている秘訣は、やはり教師集団の結束力・チームワークの高さにあると思われる」と。「人種や階層的背景による学力格差を克服している学校」のことを「効果のある学校」と言いますが（鍋島、2003）、効果のある学校にするためには、教員のチーム化がその鍵になっているのです。

チーム化が図られていると、まず時間が有効に使えます。例えば、仮に会議を開かなくても情報が自然と集まってきて、その先の対策が立てやすいんです。チームの状態が悪いと、余計な話そのものをあまりしませんから、そんな学校では情報が集まりません。問題が起きていても、そのまま時間が過ぎてしまい、その後で修復するのに膨大な時間を費やすことになります。それだけの時間があったら、教材研究することも、あるいは早く帰って家族とゆっくり過ごすこともできるのにもったいないです。

それから、チーム化が図られると、気持ちが楽になります。「自分は困っている」

ということをためらわずに周りに言える安心感を持てるということは、気持ちをずいぶん楽にします。先生に安心感があることは、それを感じ取る子どもにも影響が及びます。

次に、やった効果がぐっと目に見えて効率的です。掃除をやればきれいになって気持ちも良くなるからと、いくら自分の教室やその廊下だけきれいにしても、隣の教室や廊下が汚ければ、子どもも、そのうち「まあそんなにやらなくてもいいか……」と思うようになって、効果があがりません。チームとしてやっていけば、学級による不公平感がなく、先生もイライラする必要がなく、教室や廊下は一斉にきれいになります。

生活面だけでなく、授業を改革する際も同じです。とっかかりとして自分の教室で授業改革をはじめてもいいのですが、そのままだと他のクラスに広まりません。特に中学校や高等学校では、複数のクラスを担当するので、授業方法のベースとなる部分は揃っていたほうがやりやすいですね。「これだけはやろう」という授業方法のベースを揃えると、学校全体にもたらされる効果が一気に表に出てきて驚くほどです。

　そして最後に、仕事が楽しくなります。どうせ仕事をするなら楽しいほうがいいですよね。周りとチームになると、自分の考えていることに加えて、他者からいろいろ教えてもらえるので世界が広がります。自分の中で認知の修正や拡大が自然と行われるんです。どんどん知識や使える技術が増えていきます。そうなると毎日生きているのが楽しくなるんです。

2 チーム化の第一段階を盤石にする

チーム学校は、その形成過程において、2つの段階に分かれると筆者らは考えています。第一段階は校内が一つのチームになる段階であり、第二段階は学校が校内の周りにある専門家や諸機関、地域等と大きなチームになる段階です。ただし、第一段階にある校内のチームが盤石になっていない状態で、第二段階へと移行しても功を奏することはありません。

チーム化は、SCやSSW等の多様な専門スタッフをより一層学校に組み入れ、様々な業務を連携・分担してチームとして職務を担うことをねらっています。ただ、学校現場で関心が高いのは、外部の専門スタッフとの連携よりも、むしろ校内の協力体制の見直しに関するものです。若手教員が急増する中で、校内をチームとして整えることが喫緊の課題になっているのです。

ピーター・M・センゲは『学習する組織』の中で、「個々のIQ（知能指数）が120を超える献身的なマネージャーの集まるチームが全体としてはIQ63になってしまう、ということがどうすれば起こり得るのだろうか？」と問いかけています。教員同士が伸び伸びと仕事をすることができなければ、もともと持っている力の総和よりも小さい力しか発揮されないのです。

これは、例えば生徒指導を行う際、教員ごとに指導がバラバラの状態であることを考えてみればわかると思います。荒れた学校で、「子どもの暴力行為には屈しない」とする目標を立て、そのための立派なマニュアルをつくったとしても、それでうまく事が運ぶほど学校現場はたやすくはありません。教員によってバラバラな指導をすれば、その様子を見て子どもたちはさらに荒れ出す、なんてことはよくあることです。

また、校内のチーム化に取り組めば、自ずとそこにはリスクが発生します。もちろん失敗することもありますし、それ以前に、メンバーからやりたくないといった反発があることもあるでしょう。しかし、これは当たり前のことで、リスクを怖れていてはチーム化など図れません。リスクが生じることを覚悟できれば、問題が起こったとしても、怖れる必要などないのです。何かをやり遂げるということは、何か問題が起こっても、逃げ出したり、引き返したりするのではなく、一つひとつを創造的に解決するということです。抵抗は最初から覚悟しておく。この確固たる覚悟が大事です。

ただしそのためには、それぞれの教員が伸び伸びできる職場環境でなければなりません。つまり、教員にものごとを柔軟に考える自由が保障されていなければダメなんです。過度にカッチリさせて強固なチームをつくろうとすると、人を追い詰めてしまいます。

つまり、盲目的にチーム化を推し進めてしまうと、気づかないうちに厳しい指摘をしてしまい、誰かを追い詰めてしまうことがあるのです。誰もが自分では気づかないうちに同調圧力をかけやすくなってしまうのです。そうしたことが重なると、指摘するほうも指摘されるほうも、やがて苦しくなります。

チーム化が、その目的に反して先生たちを息苦しくさせてしまうのです。これは、子どもの学級集団づくりと全く同じで、チーム化は「諸刃《もろは》の剣」の危険性を持っています。

各リーダーは、他の先生の家庭生活も含めて背景を理解し、無理が生じないよう配慮しましょう。

帰宅しても育児で自分のことに専念できない先生や、お年寄りの介護で気が抜けない先生もいます。

体が二つあればよいのにと自分を責めながら、頑張っているかもしれません。認められ感をつくるのがチーム化の基本です。

3 一極集中型リーダーシップで、まず実行

校内のチームづくりで重要なのが、キーパーソンのリーダーシップのあり方です。まずは、一極集中型（Concentrated Leadership）のリーダーシップを見てみましょう。一極集中型とは、強いリーダーがチームの方向性を決め、トップダウンで物事を実行していくリーダーシップのあり方のことを言います。

一極集中型リーダーシップの長所は、リーダーの考える一貫した強力な体制が敷ける点にあります。ぐいぐいと目指したい方向に進めていくことができます。あれやこれやと議論する時間もあまり必要としないので、短時間で実行に移せます。

一方、短所として、リーダーが方向を誤っても、他の人が口出しをしづらいという欠点があります。一人のリーダーがぐいぐい引っ張って、それでうまくいっている時はよいのですが、次第におかしくなってきても、うまくいっていた時期があるだけに

余計に周りの者は意見を言いにくいのです。

　そうなるともう「裸の王様」状態で、軌道修正がしにくく、対応が遅くなってしまって、気づいたら大変なことになっています。構成員からすると、どこか他人事《ひとごと》で、チームへの参加意識が低くなってしまうのです。


　学校がうまく回っている時と危機に陥っている時では、リーダーシップの発揮の仕方は変える必要があります。学校がまとまらず、子どもたちも荒れている場合は、一極集中型のリーダーシップでトップダウン的に仕事を進めながらチーム化を図ったほうがよいでしょう。短期間に猛スピードで学校を立て直さなくてはなりませんから。

　そうして、ある程度落ち着いたら、後述するような分散型リーダーシップで、みんなにリーダーシップを分散し、どの先生もリーダーとして活躍できるようになるのが理想的です。

4 分散型リーダーシップで、みんなが活躍

次に、分散型リーダーシップ（Distributed Leadership）を見てみましょう。リーダーシップが、リーダーと呼ばれる管理職や教務主任、生徒指導主事といった人にばかり集中している一極集中型のリーダーシップだと、わかりやすくてよい部分もあるかもしれませんが、ある程度学校が落ち着いてきたら、リーダーシップは学校組織内の至るところに分散され、教員の間で共有されているほうがよいでしょう。

分散型リーダーシップが発揮され、チーム学校として機能している学校には、次のような特徴があります。

・全ての教職員がリーダーシップを発揮できている。
・仕事はチーム単位で行われている。
・校長、教頭、教務主任等によるマネジメントが機能している。
・チーム内では、リーダーとフォロワーの入れ替わりが見られる。

完全なる強いリーダーがいることよりも、むしろ一人ひとりがそれぞれリーダーとして活躍できるように体制を整えたほうが、チーム化を図る上では有効です。リーダーとフォロワーが随時入れ替わる集団は、危機対応の耐性も強いのです。キーパーソンが異動したらつぶれてしまう学校では困ります。

みんなに活躍の場が与えられ、リーダーが次々と入れ替わるほうが、それぞれの先生が生き生きとしてきます。人は確かに生きていくために、あるいはお給料をもらうために仕事をしています。でも、それだけではないはずです。きっと一人ひとりがそれぞれに輝きたいと思っているはずです。そんな場をたくさんつくって、力を発揮してもらい、いっぱい輝いてもらいましょう。

5 リーダーシップは成熟につれて変化する

リーダーは、分散型リーダーシップを推進したいところですが、いきなり分散してみんなが活躍できるようになるものではありません。メンバーに一度に委譲するのではなく、チームの成熟度にしたがって権限や役割を徐々に委譲していくところがポイントです。

ここでは、ハーシー（Hersey, P.）とブランチャード（Blanchard, K. H.）の研究による、状況（situation）理論をもとに、リーダーシップのあり方を見てみましょう。ハーシーとブランチャードは、リーダーシップを部下の成熟度（マチュリティ）によって変わるとするSL（Situational Leadership）理論を提唱しました。彼らは、以下のようにリーダーシップの型をメンバー集団の成熟度によって4つのタイプに分けています。（八尾坂・片山・原田、2016）

■教示型リーダーシップ（メンバー集団の成熟度が低い場合）

部下の成熟度が低い場合で、部下の役割を明確にし、いつ、どこで、何を、どのように、といった方法で、ワーキングの手順を一方的に教えるという特徴を持ちます。

■説得型リーダーシップ（メンバー集団の成熟度が高くなってきた場合）

部下の成熟度が普通に近い場合で、情報交換、支援を通して心理的抵抗なしに、部下がリーダーの指示を受け入れるよう留意するという特徴を持ちます。

■参加型リーダーシップ（メンバー集団の成熟度がさらに高くなってきた場合）

部下の成熟度が普通を超えている場合で、部下に職務遂行に必要な知識と技術が備わっていることから、相互の情報交換、リーダーによる促進奨励的行動を通して、双方による意思決定への参加が期待されるという特徴を持ちます。

■委任型リーダーシップ（メンバー集団が自立してきた場合）

部下の課題関連成熟度や心理的成熟度が高い場合で、部下に責任権限を大きく委譲し、自由裁量を高めるリーダーシップです。

メンバー集団の成熟度が高くなるにつれ、リーダーシップのあり方として、教示型リーダーシップから説得型リーダーシップへ、次に参加型リーダーシップへ、そして最後は委任型リーダーシップというルートをたどります。つまり、メンバー集団の成熟度にしたがって、リーダーシップのあり方は変わるのです。

チームをつくる際も、初めからメンバーに全部を任せるのではなく、徐々にメンバーに委譲していくようにしないと、一度に全部を任せても、任せられた方は要領がわからず右往左往するだけですし、任せた方も自分のイメージと違い過ぎるなどして、イライラするだけです。

例えば、最初はリーダーがやって見せて手本を示し、徐々にメンバーに任せ、最後はメンバーだけで行うようにする、といったように段階を踏んで委譲します。これは、学級をつくるときに担任が子どもにリーダーシップを委譲していくプロセスと全く同じです。

委任型リーダーシップへ向けて移行することを意識すると、一人ひとりが活動に関与しますので、当事者意識が芽生えるとともに、自分や学校を俯瞰して見ることもできるようになります。すると次第に、職員室に漂う雰囲気も以前とは変わっていきます。

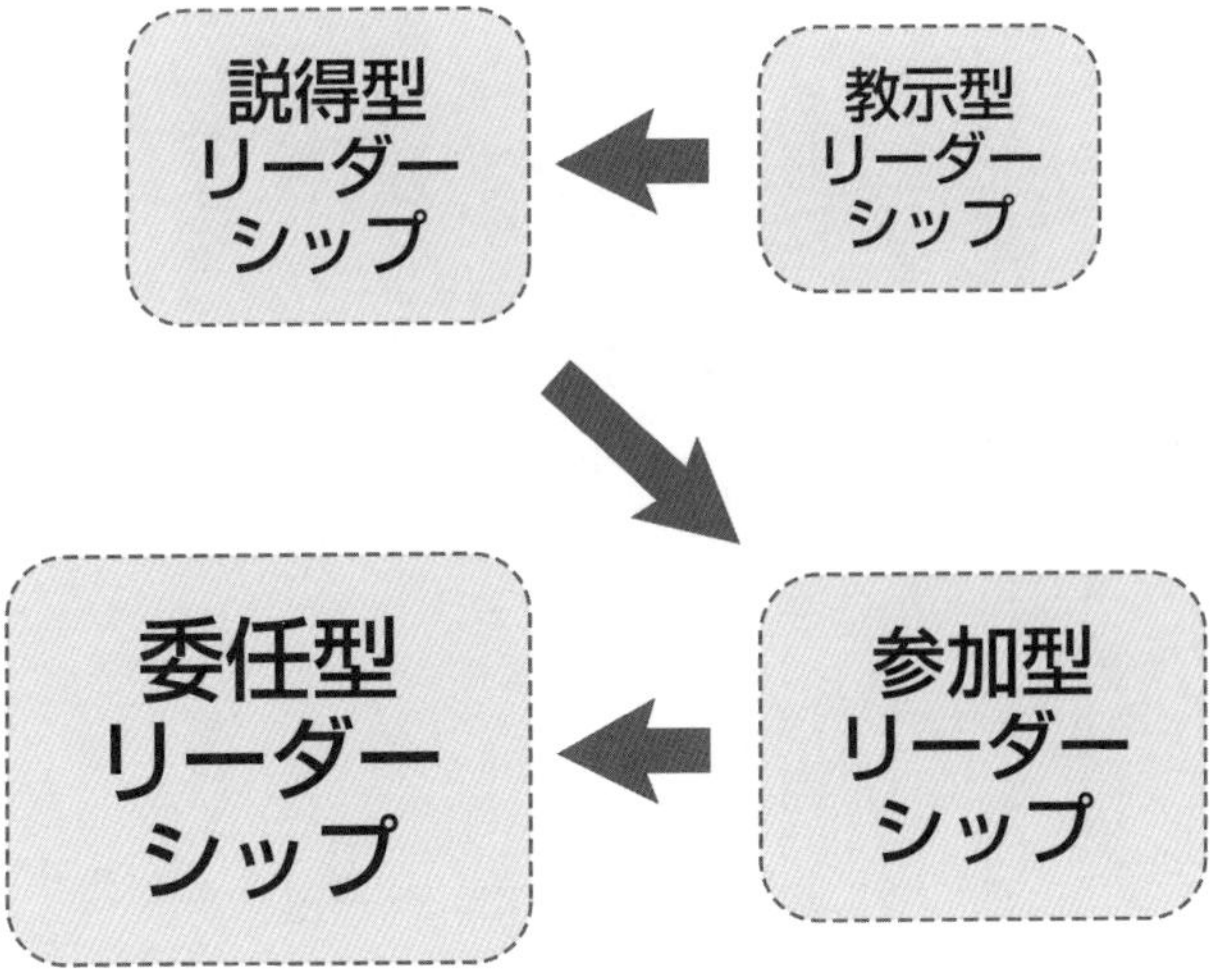

6 多様な価値観は強みになる

チーム化を図ろうとすると、チーム内の価値観が合わないことがよくあります。でも、価値観が合わないことってよくないことなのでしょうか？ 反対に、チームとしての強みが増すように思うのですが、いかがでしょうか？

先生と一口に言っても、多様な価値観を備えた個人の集合体です。先生同士、子どもへの見方が違うことは当たり前であって、反目し合うことは何も珍しいことではありません。しかし実は、反目し合うからこそ、葛藤が大きいからこそ、視点の異なる見方ができるのです。話し合う意味があるので、話し合ったらよいのです。多様な価値観を持つ者同士が多様な考えを持ち寄り、問題を創造的に解決したらよいのです。

リーダーは、話し合いの場を積極的に設定し、先生同士が安心して異なる意見を出し合い、周りに助けを求めることのできるチームをつくっていきます。小さなことでも遠慮せずに話題に出し、議論し、確認し合えるチームづくりをし、それぞれがそれぞれの強みを発揮できるチームにしたいものです。多様な価値観を活かせば、チームはよりパワーアップするはずです。

同じ価値観ばかりを持った人でチームをつくろうとするイメージではなく、違う価値観を持った人がいて当然と考え、その枠組みでチームをつくろうとするイメージです。メンバーが少数意見であっても言えるようになると、あるいは少数意見に耳を傾けられるようになると、チームの状態が質的に変わってきます。ベテランであっても若手であっても、力量が高い先生でも、あまり高くはない先生であっても、みんなが気負わず発信でき、お互い学び合うことができるチームが理想です。

余談ですが、筆者（片山）は自分と同じ価値観を持った人より、違う価値観を持った人と語るのが好きです。触発されるものがあるからです。自分と似た価値観の人と語ると疲れなくて楽なのですが、それだけだと新たな発想が湧いてこないのです。

7 何がチーム化を阻害するのか？

校内のチーム化を阻害する要因として、以下のようなことが考えられます。

・管理職やミドルリーダーのビジョンが不明確で枠組みを示すことができていない。
・チームとして動けるような枠組みが、校内できちんと認められておらず、責任の所在が全体で共有されていない。
・組織の枠組みができていないため、チームにオーソライズされず（権限を与えられず）、個人が動いているように見えて、全体として機能しない。
・いろいろな可能性を考えて見立てるための、いろいろな意見を出せる場が確保できていない。
・管理職や教務主任、生徒指導主事等のキーパーソンから、構成員への心理的なサポートがない。

実際には、「チームになるって難しい！」というのが、現場にいる先生方の感覚だと思います。「先生だから、話をすればわかってくれる」なんて、なかなかそんなふうにいかないことは、わかっていますよね。チームは、意図的につくらなければ口で言うほどたやすくはないのです。

ところで、あなたは自分の失敗をメンバーに語っていますか？ 実はリーダーがあまりに完璧で、立派そうに見えるのも、チーム化を阻害してしまいます。

リーダーは、過去の失敗を大いに語り、「誰だってうまくいかないこともあるんだな～」「しっかりしてるこの先生も、若いころは自分と同じような失敗をしてたんだな～」と思ってもらえることも、メンバーの勇気づけになります。

8 ビジョンを語り感情にも訴える

リーダーが自己開示し、自分のことやこれからやろうとしていることを語ることは、チーム化を図る上で大事です。リーダーが何を考えているのかわからなければ、他の教員はリーダーの考えが理解できず、不安に陥ります。担任の自己開示が少ない場合、子どもが担任に不信感を抱き、学級崩壊に陥るプロセスと一緒です。

リーダーの自己開示で特に重要なのが、ビジョンを語る力です。わかりやすく言うと、みんなに説明する力です。リーダーは、この学校をどうしたいのか、この仕事をどう進めたいのか、明確にビジョンを語ることができなければ、さらにはそのためにどうしていくのかその道筋を説明できなければ、そのアイデアは伝わりません。毎年、人事異動が必ずある学校ではなおさらのことです。ビジョンを語り、丁寧に説明して、はじめてみんなはアイデアを頭に描くことができます。

ただし、たとえビジョンが伝わったとしても、人は残念ながら論理だけでは動きません。いくら論理的に正しくても、「はい、じゃあそうしましょう」とはならないのです。そこには感情の共有がいるのです。素直に自分の言葉でビジョンを伝えるとともに、気持ちも伝えましょう。そうやってはじめて、「そういうことなら協力するよ」という気持ちになります。伝え方は、教職員の顔を直接見て伝えるのがベストです。メールや文書も大事ですが、顔を見てのコミュニケーションが最も大事です。

ある先生（29歳）の話です。はじめて生徒指導主事になって努力したことが、次のことです。彼の学校には、どうしてもあまり協力しない年配の女の先生がいたそうです。彼が協力をお願いしても、渋い顔をしてネガティブな意見を言うのだとか。

そこで、重視したのが、一対一で顔を見てビジョンを語ることでした。何か新しい活動を取り入れる時には、必ずその先生のところに直接行き、説明を行い、協力をお願いしました。すると、少しずつですが協力してくれるようになったそうです。彼の熱意が伝わり、その先生の感情に訴えることができたのでしょう。感情に訴えることができて、はじめて人は動くのです。

9 コーチングを活用する

強いチームは、チーム化していくプロセスの中で、各リーダーがコーチングを活用しています。コーチングの基本原則に基づき、以下のようなスキルを用いてチーム化を図っていくと、メンバーが当事者意識を持つようになり、自分で動き始めます。

コーチングの三つの基本原則

・傾聴する（うなずき、あいづち、アイコンタクト等を意識してしっかりと聴く）
・承認する（結果ではなく、事実に焦点を当てて認める）
・質問する（何を考え、何をしたいと思っているのかを相手に考えさせ、引き出すために質問する）

コーチングによって、問われながら人は「自分で考える」ようになります。ここに意味があるのです。チームをつくる時に、単に情報を伝え命令する一方通行型の形から、コーチングを活用し各教員に自分で考えてもらう形に、メンタルモデルを変えてみませんか?

コーチングでは、相手の話を傾聴しながら、認めるべき点は承認し、相手に質問していくことで、相手が自分で解を見つけていくことを助けます。こちらから相手に向けて一方的に指示する今までのやり方でうまくいかないのなら、この辺でやり方を変えてみましょう。

みなさんの学校は、考えるチームになっていますか? 文化祭や体育祭の後片付けなど、自分の仕事が終わった後、棒立ちの先生が何人もいるなんてことはないですか? 指示されるまで自分で考えることができない、指示待ちチームではいけません。それぞれが考えて行動できると、課題は激減し、仕事も早く終わります。

他の先生の後処理に入ることが当たり前になっていた先生であれば、自分の生産的な教育活動に臨めるようになり、家にも早く帰れます。そんなチームになるように、考えるきっかけをどんどん与えられるとよいですね。

そのための手法としてコーチングは有効です。傾聴して、承認し、有効な質問を投げかけていくことで、考えるチームに近づきます。

問われることではじめて人は考えます。指示待ちのチームではない、考えるチームはしなやかで強いんです。

コーチングについて、もっと詳しく知りたい方は『知ってるつもりのコーチング』や『教師のためのコーチング術』（巻末に記載）等を参照していただければ幸いです。

第4章

チーム化へ　10の極意

1 チームをつくるには順番がある

思いつきでチームをつくって、とりあえず動き出したとしても、うまくいく場合もありますが、実際にはそれだとなかなか難しいですね。周りから批判的な意見が聞こえたり、すぐに壁にぶつかったりして、早々に諦めることにもなりかねません。チームをつくるには順番があります。最初に管理職、次にミドルリーダー、ベテラン、そして若手といった具合に、働きかける順番を意識してみましょう。

■管理職にビジョンを語る

チーム化を図りたければ、自分の思いやビジョンを管理職（校長や教頭等）に伝えることから始めるのが外せないツボです。もしあなたが校長であれば教頭（副校長）に、教頭（副校長）であれば校長にビジョンを語ることからスタートしてみたらどうでしょう。

自分は、どのような目標を持っているのか？　目的は何なのか？　どのような活動を行っていくのか？　その活動を行うに当たってメンバーはどのように構成するのか？　そして、それがどう学校全体の利益となるのか？　こうしたビジョンを面と向かって伝えなければなりません。

例えば、「アクティブラーニング研究会」を校内で発足したいと思った場合を考えてみましょう。それには参加メンバーはもちろん必要ですが、アクティブラーニングをリードできる核となる先生が必要になります。さらには、リーダーをサポートできる先生も若干名必要です。そしてたとえばある先生がその「アクティブラーニング研究会」に参加することになれば、他の雑務との関係で学年主任の承諾も要ります。

このように、何か一つ企画を立ち上げようとすれば、その周りで多くの人が動くことになりますし、承諾をしてもらったりすることも必然的に生じます。仮に良い方策であったとしても勝手に動くことは組織の中ではすべきではなく、管理職を巻き込むところからはじめなくてはなりません。

管理職に伝え、意見をもらうことでより公平・公正なチームとなり得ます。また、管理職からオーソライズ（公認）された形でチームをつくっていくと、周りの理解も得られやすく、その後の活動がスムーズです。

■ミドルリーダーに動いてもらう

管理職やミドルリーダー自身も含めて、「人に頼むより自分で動いたほうが早い」と思っている先生は多いと思います。しかし、自分だけでできることは限られています。そこで、次世代の人材育成も視野に入れ、ミドルリーダーを積極的に巻き込んでみてはどうでしょうか？

ここで言うミドルリーダーとは、校内における中堅のキーパーソンのことで、教職員への実質的な影響力をもっている人のことを指しています。若い先生との年齢も近く親しみやすいので、いい意味でも悪い意味でもチームの雰囲気に影響を与えます。

ミドルリーダーには、教務主任や学年主任、生徒指導主事などももちろん含まれますが、役職に関係なく、校内で力をもっている中堅の教員も含みます。ミドルリーダーの能力やエネルギーを活用しない手はないです。これからの学校組織のことも考え、ミドルリーダーにうまく働きかけられるとよいですね。

実際の教育現場には、ミドルリーダーと言うにはちょっと物足りない中堅の先生がいるのも事実です。「もうちょっと若手を見てあげてほしいなぁ」「率先して仕事してほしいなぁ」と、少し惜しい感じのする先生です。そうした先生を、あえて巻き込むのも手です。

はじめのうちは、企画のねらいやチームの意図、その活動方法、進め方など支援しなければなりません。少し手間はかかりますが、頼られればこちらが思っているよりも積極的にかかわってくれます。少し惜しい感じのする先生も、チームの大事なリソース（資源）なんです。

■ベテランに相談する

できるベテランであるか、できないベテランであるかを問わず、学校においてその影響力は大きいので、腹をくってベテランに相談してみると、これまた意外と道が開けてくることがあります。

できるベテランからは、具体的なアドバイスが得られ、チームをつくった後に研修会の講師としても活躍してもらうことができるなど、心強い味方になってくれること間違いなし。

その一方、できない（と思われている）ベテランには、ふつうはあまり相談にいかないかもしれません。とはいえ、相談に行かないと、「一部の者で勝手にやっている」等、陰口をたたかれることがあります。そうなってしまうと、組織内で対立を生じて、雰囲気が険悪になってしまい、チーム化どころではなくなります。抵抗があるかもし

れませんし、勇気がいるかもしれませんが、できない（と思われている）ベテランにこそ相談に行くのがポイントです。

というのは、できないベテランと思われている先生が、実は相談に行くと多くの知識や経験があるにもかかわらず、ただ自分から活動されていなかっただけ、自分と合わなかっただけ、ということがよくあるからです。相談にいって、課題として指摘されたところなど丁寧に改善し、報告すると、できない（と思われている）ベテランにも自己有用感が芽生え、チーム化がさらに広がりを見せることになります。

ある学校の話です。若い研究主任が、そりの合わないベテランに何度も足を運びました。そのベテランは、日ごろから、その研究主任の提案することに難色ばかり示すので、ほとほと嫌気がさしていたのですが、意を決して足を運ぶことに決めたのです。

足しげく通うその姿を見た周りの教員が、まず反応したそうです。若い研究主任の熱意に心を動かされ、それならばと何人もチームに入ってくれたのです。ベテランの先生は、積極的な協力まではなかなかしていただけなかったようですが、嫌な顔をして反対するようなことだけはなくなったと言います。

そりが合わないから無視するのではなく、わかり合えそうにないのなら何度も話しかけてみてください。勇気がいりますが、そのうち変化が起こるかもしれません。

■若手に発信してもらう

フレッシュな感覚を持った若い先生たちの思いや努力が伝わるように、若手から発信してもらうと、まだまだ頼りないところもある彼らに手を差し伸べたい気持ちになって、多くの先生が協力してくれます。では、若手の先生に力を発揮してもらうようにするには、どうすればよいのでしょう?

若手の良いところは柔軟に考えられるところです。ただし、自分で実際にやってみる前に発信することもあるので、少し取り組んでもらった結果、効果があった点や難しかった点などを具体的に伝えてもらうような発信の仕方にするとよいですね。若い先生が発信すると、周りの反応がよくてびっくりします。周りも

うれしくなって応援したくなるんですね。若手が頑張っているなら、自分も負けていられないというちょっとした競争心も芽生えるからでしょう。

ただし、若手の先生の発想は、若手自身が時間的余裕のある年代であるため、家庭を持った先生方の生活に配慮するのを忘れがちです。ですから、できるだけ周りの先生たちが参加しやすい案にして発信してもらうようにします。

例えば、研究会を開きやすい時間帯や曜日、頻度、自由参加にすること（来てほしいと熱く語るが強要はしない）などは配慮する必要があるでしょう。あるいは、開催時間を1時間程度にしたり、月1回にしたりするなどして、教職員が無理ない範囲で参加できる提案をするのがミソです。

実態に応じて、学年から1名参加でOKとしたり、参加したくてもできない先生へのフォローをしたりするとよいですね。

若手の先生から発信の手が自発的に上がれば一番よいのですが、先輩を前にして躊躇することも少なくありません。そうであれば、ミドルリーダーが若手に発信するよう促してみてはどうでしょうか？　先輩の後押しで、安心して発信するようになるかもしれません。

2 チームになることのメリットを伝える

「教えるより、自分でしたほうが早い」「自分だけでしたほうが気が楽」「自分はできている」。これは、そこそこできる先生からよく聞きますね。チームで活動するほうが本当によいのでしょうか？　そこそこできる先生が、余分に気と労力と時間をつかうだけではないでしょうか？

チームで活動するとそれぞれの先生にどのようなメリットがあるのか、個業でいるとどのようなデメリットがあるのかを実例で紹介し、チーム化への意識を高めることからはじめましょう。

ある学校で、学級崩壊が起きました。すると、「なぜ、学級崩壊の兆しに気づかないのだろう？」「あの先生からは情熱が感じられない」「いつかはなると思っていた」という声が必ず聞こえてきます。そして、崩壊した学級からは頻繁に問題が起き、複数の先生が長時間、かかわらなければならなくなります。一見すると、助けに入る先生の負担だけに目がいってしまいますが、学校全体で見ると以下のような損失が生じてしまいます。

・本来、力を注ぎたい教育活動や人材育成に人手が回せなくなる。
・人手が足りなくなるので、分担していた仕事が機能しない。
・学校全体での学級崩壊防止対策が増え、その報告をしなければならなくなる。
・いつまでも先生が育たず、仕事を任せられない。任せると余計に仕事が増える。

はじめは一部の先生だけの問題なのかもしれませんが、その問題を放置しておくことで、周囲に余計な負担が増えるのです。

周りにいる先生が事前に少し働きかけ、かかわっておくことで、授業改革など本当にしたいことのできる、生産的な学校になります。チームで協働することのメリットを共有することからはじめましょう。

3 みんなに参加してもらう

全員に参加してもらうことがチーム化に向けてよいことだとわかってはいても、現場ではなかなか最初からそうもいかないことがあります。そのため、とりあえず小グループで活動しはじめるケースも少なくありません。そうした小グループでの活動は、機動力にも優れており、良い面もあるのですが、一部の者で取り組む活動となり易く、組織の中で浮いてしまうことが少なくありません。そうすると他の教職員は疎外感を感じてしまい、気持ちが離れていってしまうことにもなりかねません。

■参加しやすい時間や曜日、開催時間等を工夫する

できるだけ多くの先生が参加し易いように、開催曜日や時間帯（できるだけ勤務時間内）を考え、一つの活動が一時間以内に終わるよう工夫しましょう。

■任意参加とし、全員に研修日時を知らせてみんなの参加を募る

形式的な側面もありますが、排他的なイメージを払しょくできます。お互いに参加を促し合ってもらうとよいです。

■特別講師として参加してもらう

ベテランであれ若手であれ、力はあるのに控えめな方を採用すると、周囲も感心し、学校組織にチーム感が得られるようになります。

■負担にならない程度の参加をお願いする

一部の余裕のある者でしかできないような大変なことを発信していないでしょうか？　この点、要注意です。周囲が必要だと感じる取組になっているかどうか、今一度考えてみてください。大丈夫であれば、負担にならない程度の参加をお願いしてみてはどうでしょうか？　あまり負担にならないような参加の仕方を考えてくれているかどうかは、周囲を大事にしているかどうかと同じことで、その思いは周りにいる先生方にも伝わるように思います。

4 現状を伝え、協働意識を育てる

できる先生ほど、学校の課題を抱え込む傾向にあります。そして、「自分は忙しい」「なんで私が」「他にも人がいるのに」という不満を持つようになります。あなた自身も「人に言っても何もしてもらえない。どうせ自分がしたほうが早い」なんてこと、思ったことありませんか？

でも、「言ってもしてもらえない。自分がしたほうが早い」というスタンスで臨み続ければ、その時はうまくいったとしても、一部の先生だけが頑張ればそれでよいという学校のスタイルができ上がってしまいます。そして、やがては負担の多い先生や頑張り続けた先生が、心労で倒れてしまうことにもなるのです。

実は、その人が今どれだけの仕事をしているか、なぜその仕事をお願いされるのか、なぜその人にお願いしなければ仕事が回らないのかといったことを説明されていないため、周りも本人もそのことを知らないことが多いのです。分担する仕事の説明は意外と重要で、理由を共有しておくことがみんなの協働意識につながります。

今、自分の学校がどのような状況で、どのような課題があるのか？を明確にし、そのための取組について、イメージしやすいようにプレゼンをするのもいいですね。同時に、このまま課題に対する手立てを打たない学校組織に、どのようなマイナスが今後生じるのか、過去の例、他校の例などを伝えるのも効果的で、そのために誰にどのようなことをお願いするのかも同時に説明すると協働意識が芽生えます。

自分自身が仕事の負担感が強い場合も、周りに理解してもらうことが大事です。自分がどれほどの仕事をしていて、それで余裕がないということを、ちゃんと伝えられていますか？　理解してもらうよう努めていますか？

「そこまで言わなくても、気づいてほしい」「沈黙は金、誰かが見てくれている」は他人任《ひとまか》せの発想です。

5 選択肢を設ける

どのように働きかければ、「誰かがしてくれる」から「必要だから自分でしよう」と感じてもらえるようになるのでしょう? 周りの先生方がやらないのは、その先生方がそれを必要だと感じていないからです。当事者意識を持てないからです。

当事者意識を育てるために、選択肢を設けると意外と効果的です。選択肢のなかから方策を選び、本人にどれをするか決定してもらうことで、その先生の責任感が芽生えます。「圧倒的にAの選択肢の方がよい(楽そうだ)」といった極端なものにならないよう選択肢をつくるのがコツです。悩んで選んでもらった方が、より良く円滑に進むように思います。

ただし、どの方策を用意したとしても、うまくいかない部分が出てきます。大事なのは、問題が出てきたら、調整し、修正していくということです。「困ったことが出てきたら、後で言ってくださいね」といったひと声をかけながら、まずは実践していただくことです。

その後は、しばらくの間、取り組んでいることについて感謝する声かけをしたり、改善に向けた意見を聞くようにしたりすると、より主体的に取り組んでいただけるように思います。お願いするだけでなく、当事者意識が育つまでの間、丁寧にかかわることが大事です。

仕事は主体的にしなければ、本人も楽しくありませんし、組織として望ましい成果も出ません。どこか他人事《ひとごと》であったり、一部の先生で頑張っていたりする学校の取組は、効果も出にくく、もったいないですね。一人ひとりの先生が当事者意識を持って、主体的に取り組むと、インパクト大で効果バツグンなのです。学校は劇的に変わります。

6 一緒にやる

こちらの姿勢を伝える一番の方法は、一緒に仕事をすることです。分担した仕事であったとしても、一緒に仕事をする（手伝う）と効果バツグンです。相手の先生からして、自分の仕事の負担が減るだけでなく、仕事のポイントや考え方を学べるので、かなりお得感があるのです。

「一緒に仕事をする」なんて、なんだか単純でバカバカしいことのように思いませんか？ でも、「一緒に仕事をする」と、思った以上に職場が変化します。というのも、現場では自分の仕事だけに集中し、他の人の仕事にまでかかわれる人はそうそういないからです。時間的余裕だけでなく、精神的余裕もないのが教育現場なのです。

自分が興味を持ったことならともかく、他者から求められるはじめての仕事というのは、若くてもベテランでも戸惑うものです。やり方がわからないことがその理由で、最もネックになるのがやりはじめです。やりはじめたら軌道に乗るのですが、そこまでは気が重いだけです。

そこで「一緒にやる」の価値が出てきます。見よう見まねで一緒にやれば、不安な人も安心して取り組めます。確かに一緒にやるとほとんどの人はクリアできます。それほど「一緒にやる」価値は大きいのです。

ただし、手伝うことで相手の自立を損ねることがあります。何でもかんでも手伝ってもらえると勘違いしてしまうと、誰しも成長できません。アドバイスをしつつ、実践してもらう中で、理解を促し、仕事ができるようになっていただくのがベストです。本人も達成感を覚えるでしょう。

7 相手を尊重する

自分の考えている「正しい」は、どれほど周囲の人に正しいこととして認めてもらえているのでしょうか? 自分の考えている「正しい」を相手に押しつける人が、周りから認めてもらえることなどあるのでしょうか?

自分の考えている「正しい」は、他の人にとって必ずしも「正しい」こととは限りません。相手の考えを尊重せず、認めようともしない人が、相手から認められることなどないのです。

まずは相手の大事にしていることに共感し、相手のことも大事にします。「子どものため」という共通理解が先生方にあっても、そのための指導方法は、先生によって違います。ある先生は「部活を中心に育てる」、またある先生は「授業を中心に育てる」「行事で育てる」「基礎基本を中心に教える」「全国的な発表に向けて教える」……と様々です。したがって、実際やろうとすると、お互い相容れない、なんてことも珍しくありません。

違う考えの先生を、価値観が違うと邪険にして、自分の大事にしている価値観を優先させるのではなく、まずは相手の考えを大事にします。相手の大事にしている活動を認めていく中で、自分の大事にしていることにも目を向けてもらったらよいのです。

チーム化に向けて、相手を尊重し、こちらの姿勢を認めてもらうには、もう一つ。みんなから言われたことをするだけでは、「当たり前」なので、みんなの予想をちょっとだけ超えた仕上がりにするとよいです。例えば、資料をつくって説明してくれと頼まれたら、資料をつくって説明するだけでなく、時系列的に示した資料をつくるとか、他校の取組も調べてあわせて提案するとか……。相手が何を欲しているか、少し考えをめぐらせてみると、意外と思いつくものです。

8 仕事を振り分ける

「なぜこうも忙しくしているのに、誰も手伝ってくれないのだろう?」こんな風に相手に気づいてもらうことを期待していても、何も解決しません。まずは手伝ってほしいことは何かを考え、周りにもやってもらうようにするとよいですね。仕事は振り分けたほうが、物理的にも精神的にもみんなが助かります。

ある学年主任の女性の先生は「子どもの世話をしなくてはならないので、できるだけ早く学校を出たい。でも、残っている先生に頼むのは気が引けて……。気づいて手伝ってほしいとは思っているのですが、なかなか口にできません」と言います。

その先生は、休み時間や朝早くに学年の印刷物を用意、校外学習の外部との打ち合わせ、雑紙処理など雑務全般をしています。そして、自宅では子どもが寝てから教材研究をするなどハードな生活です。学年主任だけが頑張っているのです。

別の男性研究主任も、指定校になっている研究を研究主任だけが頑張っていて、他の先生はあまりかかわれていません。研究主任一人が力をつけても、学校全体の底上げにはなりませんよね。

仕事を手伝ってもらいたいなら、当面どれだけの仕事をしなければならないのか表にして見える化を図ってみてはどうでしょうか？ 視覚的に示すことによって、専門的な技術がいる仕事や雑務で時間がかかる仕事など様々な仕事があることがわかります。一覧を見て分担すれば、「他の先生も違う仕事をしているなら」と納得して仕事をしてくれます。

仕事を割り振って、「無理なくできる量」を請け負ってもらうのがポイントです。「この分担で各々できそうですか？」と聞き返すと、気持ちよく進められるでしょう。気まずさを解消するには、主任が少し多めに仕事を請け負うとよいかもしれません。

9 仕事をローテーション化する

仕事の振り分けを図ると、その利点として、その仕事に適した人の適材適所となり、ある程度校内の仕事がうまく回ります。それはその人が持っている得意分野の力を発揮できる点ではよいのですが、その一方で自分の仕事でない仕事には全くかかわらなくなるという欠点もあります。

教員が異動した際によく聞くのが、「そのことは○○先生がやってくれていたから僕はわからない」「引継ぎの資料があればいいんだけど、何もないので仕事の内容がわからない」というものです。これは、学校がチームとして機能していない証拠です。

そこで、研究主任や生徒指導主事（主任）、体育主任といった仕事を2年のローテーションにするというのも有効な手になります。もちろん、デメリットもあります。1年目は仕事を知り、2年目でようやく軌道に乗った、そんなところで、交代するので中途半端のように思えるからです。

　でも、ローテーションにはメリットがあって、それが予想外に大きいのです。それは、ローテーションという名目で仕事が公平に回ってくるため納得感が得られることに加え、人材育成ができることです。ローテーションさせると、ミドルリーダーの指導力も、若手の実力も育つのでお勧めです。

　ローテーションさせるということには、別のメリットもあります。それは、その仕事を次の担当者がやれるように、仕事内容の文書化が促されるということです。誰か一人の先生の頭の中に整理されている仕事内容から、他の誰かがやってもできるよう文字や図で表現されるようになるのです。それが蓄積されていけば、誰の目からも仕事内容が見えやすくなり、ローテーション化しても、仕事をするのに抵抗感がなくなります。

　もちろん、ローテーションさせてもうまくいかないこともあります。そんな時は後述するようなアプローチも含めて、別の方法をとってみてください。

10

促し方次第で、誰もが動く

「何度も言っているのに、なかなか人って動いてくれない」と思うことってありませんか？ 当たり前のことですが、人は自分とは異なります。何度言ってもやってくれないのなら、違うアプローチを考えるのみです。

ここでは動いてもらうための促し方を示しました。実際に動き出したら、相手を認めましょう。ゆったりと大きく構えて待つよう心掛けてください。

■能力を認めて、自己有用感に訴える

まずは、その先生が頑張っているところ、自信をもっているところを認めて、その分野の仕事を頼ったり、全体に広めたりしてみましょう。忙しいと感じている先生でも、自己有用感が刺激され、主体的に動いてくれるようになります。そうなると、学校に貢献しているといった意識が芽生え、他の仕事でも手伝ってくれます。

■メモや声かけで、リマインド（思い出してもらうこと）を刺激する

得意なことだとテキパキ動いてくれる先生であっても、苦手な分野の仕事になると、期待していてもなかなかやってもらえないことがあります。不得意なことは、誰しも気が進まないものです。

言っただけでは忘れてしまうので、期日が迫ってきたら担当の先生の机にメモを貼ってもらうようにするとよいです。メモを見て思い出したり焦ったりして、仕事にとりかかることができます。

直接言うとお互いに気を遣い、摩擦が生まれることもありますが、メモだと直接声かけをしなくてよいため、お願いしている方もあまり気を遣わなくてよいのです。

■間接的に声をかけてもらう

先に紹介したメモは、簡単に取り組め、効率もよいのですが、中には複数のメモが貼られたままであったり、メモを見て書いてある内容を確認したら破棄してしまい再度忘れてしまったりする先生もいます。

何度もメモを貼ると「しつこく声をかけてきて気分が悪い」と、不協和音を奏でてしまいます。そこで、同じ人ばかりが声をかけるのではなく、他の先生にも声をかけてもらうようにします。みんなが早くしたほうがよいと思っていると感じてもらうのです。他の人にも声をかけてもらうといいですね。

でも、他の人に声をかけてもらうと言っても、具体的に誰にお願いすればよいのでしょうか？　頼みやすい人にお願いするのはダメです。そうすると結局、同じ人ばかりが声をかけることになってしまい、チームが育ちません。少し頼りなく感じても、同じ校務分掌の人に声をかけてもらうのが、筋が通っていてよいです。声をかけられる側の先生も、筋が通っているので納得してくれることが多いのです。

その声かけでも難しい場合は、同じ学年の主任にも「○○の件だけど、できてる？　気になっているんだけど」などと声をかけてもらいましょう。声かけを複数で行うチームをつくることによって、他の仕事についても一人で抱え込まないようになり、協働して取り組むことにつながります。

■直接話して、緊張感を刺激する

先の複数の声かけまでで大半の方は動いてくれます。しかし、それでも動いてもらえない時は、直接話をしましょう。感情的にならず、他の人にはどのような仕事を頼んでいるのかを説明し、「いつまでにできる?」と聞くだけでよいでしょう。

ダメなのは、できない理由を尋ねることです。仕事ができない理由を聞けば十人十色で、聞くといっぱい出てきます。みなそれぞれ家庭生活も含め、何らかの小さな困難は抱えているのが当たり前ですから。

■その場で一緒にして、仕事を覚えてもらう

仕事の期限が迫っている時はどうしたらよいでしょうか?「そんな余裕はない」「早くしてほしい」という時は、一緒にすることにしましょう。

動かない理由に、「今まで他の先生がしていたのでイメージがわかない」「あまり経験したことがない」ということがあります。一度、一緒に仕事をすることで、コツがわかると、次からしてもらえます。

大事なのは、「しておいたよ」とこちらがやってしまうのではなく、一緒に仕事をすることです。本人に仕事を覚えてもらわなければ、次もまたかかわらなければならなくなります。

一緒に仕事をする中で、「また、わからない人がいたら、こんな風に一緒に仕事をして教えてあげてほしい」と伝えれば、仕事内容だけでなく、チーム化への意識も育てていけます。

第5章

チームを動かすための戦術

1 まずは小さな改革からはじめる

新しい取組を提案した時に「そこまでする必要がない」「今までしたことがない」「今は難しい」と賛成を得られなかったことはありませんか？　新しい取組を試みるのは難しいですね。

実は、新しい取組を提案される側は、未知のことなので不安になってしまうんです。それに加え、今までしてきたことを否定されているような気になって、すぐには賛同できないのです。その気持ち、わかりますよね。

「そこまでする必要がない」という意見が出るなら、簡単な改革から挑戦してみませんか？「今までしたことがない」という意見には、今までしたことがある取組やみんなが大事と思っていること、つまり、やったことがあることからはじめてみるのも一つの方法です。得意分野でなら課題にも意欲的に向き合えますよね。

では、他にはどんな方法があるのでしょうか? おそらく最もよい方法は、メンバーに直接意見を聞いてみることです。聞き方は、メールでも紙媒体でもよいのですが、メンバーに時間を与えて少し静かに考えてもらうと、そこはやはり責任感の強い先生たちですから、それぞれに学校の実態を思い浮かべて、どこに課題があるのかを書いてくれます。こちらが予想もしなかった意見が出てくることもあります。

提案者自身がメンバーの気持ちを大事にし、提案の方法を改善すれば、その態度が人の心を動かし、課題改善に臨んでくれるのです。リーダーが考えて改革をはじめるのももちろんアリですが、こうやってメンバーから意見を募ると、もっとよいです。というのも、メンバーから(内から)出た改革案ですから、たとえ小さな改革案であったとしても、次のステップへと進めやすいのです。

ただし、学校によっては、予定が立て込んでいて状況が厳しいことも実際にはあります。「今は難しい」という意見が出る時には、「今の状況でできることは何か?」を話し合うだけでも課題改善の意識は高まります。

2 提案に説得力をもたせる

企画を提案すると、「本当にそれって必要なのですか？」と険しい顔をされてしまう……なんていうのは、当たり前のことかもしれません。

その説明理由が、「前からしていたので……」「例年通りで……」「やると子どものためになると思ったので……」となると、もう全然ダメですね。何も考えずに旧来のものを踏襲していたり、思いつきや勢いだけで提案したりしていても説得力がありません。

その学校の課題を考えた上で、提案するのです。これまで行っていたことだとしても、その改善策を考え、提案内容が形骸化しないようにするのです。

どんな提案であれ、チームで取り組むわけですから、周りの教員を納得させる必要があります。提案に説得力をもたせるには、次のようなポイントを押さえておくとよいです。

■実際にしてみる

ある学校の体育祭の出し物で、「PTAの大人も子どもも一緒になってムカデ競争をする」という新企画を提案したのですが、反対意見が続出してしまいました。「できると思っているのか？」「子どもに危険ではないか？」「競技時間のことは考えているのか？」「本当に楽しめるのか？」「練習する時間はどうするのか？」「思いつきで提案するな！」などなど、厳しい反対意見が次々と。

提案した先生もいろいろ調べた上で、これならできそうだと思って提案したのですが、反対意見に応えることはできませんでした。新しい提案というものは往々にして洗礼を受けやすいものです。

そこで、実際に事前にムカデ競走を行い、具体的な留意点等も踏まえた上で提案し、提案に説得力をもたせるようにしたのです。提案した先生は、後日、数人の先生に手伝ってもらいムカデ競争をやってみました。その結果、やはり子どもには難しいと判断し、「台風の目」という別の種目に変更して再提案したそうです。

再提案の際には、「台風の目」という種目に、時間がどれくらいかかるのか、練習の回数が何回くらい必要なのか、気をつけるポイントはどこかなど、実際にやってみた感想を踏まえ、具体的に提案しました。

その提案を聞いた他の先生方は、「台風の目」の提案に全面的に賛成ではなかったのですが、そこまで頑張ったのなら応援しようと言ってくれたそうです。運動会前には、委員会の子どもたちにも協力してもらって再度危険な点を点検し、当日は、大人も含めて楽しく盛り上がったと言います。

こうして、この学校では「事前にやってみてから提案する」というスタイルが広がり、会議での提案もスムーズに進行するようになったとのことです。

■「子どものため」だけでなく、教員のメリットも考える

学校では、「子どものために頑張りましょう」と言って、様々な取組がなされます。ただその結果、先生方が疲れ果てているということはありませんか？

「子どものため」という美しい言葉を使うと、反対意見は出しにくいですね。「子どものために取り組まない、非協力的な教職員」とイメージされ、言い出しにくいからです。でも、内心では納得しづらいことも多いですよね。

先生方の労働力や気力は無限ではありません。社会的に長時間労働も問題になっています。何でも「子どものためにしましょう」では、結局一部の者が身を削るだけの企画になってしまったり、効率の悪い取組になってしまったりします。

そこで、企画を提案する時は、その取組を進めることで、どう学校が変わるのか？それが結果的に先生方にどう還元されるのかを伝えることです。子どもだけではなく先生方にもどのような「利」があるのかを伝えるのです。

その取組によって、子どもが落ち着き、放課後の家庭訪問が激減するとか、クレームの対応が減って、先生方の教材研究の時間が確保できるといった、具体的な「利」を伝えるのです。

子どもも大事ですが、先生方も同じく大事です。先生方が疲れてしまっては元も子もありません。先生方も含めて、みんなが大事にされる取組であることを提案に入れて進めていくとよいですね。「この取組を進めるので、○○会議の回数を減らします」といった補足も、先生方の「利」になるので説得力が増します。

■視覚的資料を用意し、イメージを持ってもらう

教員研修等で、寝ている先生を見かけたことはありませんか？ 大学の先生のよくわからない難しい講義の時など、特に目立つように思います。講義をしている先生には簡単な内容であったとしても、はじめて聴く人には難しい話ばかりでイメージしにくいのです。

提案する際も同じです。提案の内容は提案者にはわかっているかもしれませんが、周りの先生方ははじめて聞くのでわかりにくいでしょう。そこで、提案する時は、イメージしやすいように視覚を使った資料を用意するのがお薦めです。

ある学校では、校内研究のテーマをイメージしてもらうために、紙ベースの資料だけでなく、プレゼンテーションソフトによる説明や、その中に動画を入れるなどして、

わかりやすい提案をしているそうです。

また、別の学校では、取り組んだ後に子どもたちがどのような姿になるのかを、数人の先生で寸劇して見せ、興味をもって聞いてもらえるようにしているそうです。周りの先生にもイメージしやすいので好評だそうです。

よくあるまずい例が、文章量が多すぎる提案です。「こんなの誰が読むと思うの?」といった非難や陰口が聞こえることもあります。資料に挿し絵を入れたり、実例を出したりして、聞く人がイメージしやすい提案の仕方を心がけてみましょう。

3 丁寧に説明する

チームでただ単に企画を実行しても、しないよりはマシかもしれませんが、その成果は小さいですね。先生方が大事だと納得していない取組は、すそ野も広がらないと思います。まずは企画について丁寧に説明することが大事です。丁寧に説明すると、以下のような効果が得られます。

■取組がぶれなくなる

丁寧に説明すると、何が大事で、どの部分をチームとして徹底するのか、どのような子どもを育てようとするのかが明確になり、それをみんなで共有できるので、学校として取組がぶれなくなります。

先生方も自分自身で説明できるようになり、取組について保護者から質問されても、理論立ててすぐに答えられるようになります。そうすると、保護者からも信用してもらえるようになるのです。

■お互いに柔軟な思考ができるようになる

丁寧に説明することで、提案する側も提案される側も、自分の考えをそれでいいのかと問い直すようになります。すると、はじめよりももっとよい方法が出てきたりもします。丁寧に説明し、あるいはされることを通して、固定観念から解き放たれ、お互いに仕事を柔軟に進めることができるようになります。

■より良いものに改善しようとする組織風土ができる

丁寧に説明することで、「できる者でやったらよい」といった他人任せのスタンスから、チームでやろうとするスタンスに変わってきます。なぜなら、丁寧に説明することは他者を思いやることでもあるので、そうなると雰囲気が以前とは違ってくるのです。それぞれが意見を出しやすくなります。

「そこまでして説明する必要があるんですか？」と問いたくなるかもしれません。「はい、そこまで丁寧に説明しましょう」というのが筆者らの考えです。そうすることで、みんなの中にビジョンが共有されます。

4 学校として一斉に取り組む

組織の力がなかなか積み重ならないと感じて、虚しくなる時はありませんか？ 学校としての取組が説明不足で先生同士で共有できておらず、実践しても問題が噴出してばかりの学校です。

例えば、忘れ物をしてしまった時の対応に差があり過ぎるなどです。ある先生は忘れ物をしても全然ＯＫで、先生が貸してくれたり用意してくれたりするのですが、ある先生はその活動に参加させないなど、対応がバラバラです。子どもは先生によって対応が違うので、不信感を抱いています。

ある学校では、文化祭でクラスごとの出し物や作品に差があり過ぎて、クレームが続出しました。例えば、出し物の発表時間があるクラスだけ長く、練習時間も違う。先生のかかわり方がバラバラ。選曲して自由に歌う曲が複数のクラスで同じになるなど調整不足。

その結果、「あのクラスは当たり」であったり、「あのクラスはハズレ」であったりなど、子どもや保護者から不安や不満の声があちこちから聞こえます。

学校としての取組に対して、めあてや日程だけを共有していては、個人任せの解釈となります。指導に差が出れば、それは子どもや保護者の不安材料となります。取組を丁寧に共有して、どの先生も安定した指導ができなければダメですよね。

学校で取組を提案する時は、次の点を確認していきましょう

①なぜ、この取組をするのか？
②昨年度（した場合）の課題に対しては、どのように改善して取り組むのか？
③取り組む時間はどれくらい取るのか？
④途中の確認作業は誰がするのか？

最後の項目の確認作業は意外と大事です。残念ながら提案した内容が、できていないことが多いのです。どの先生も同じ方向を向いて指導すると、子どもも安心します。

5 リーダーは話を短く

先生の話というのは一般に長く、それに本人が気づいていないことが多いように思います。しゃべるのはよいのですが、しゃべりすぎはよくありません。チーム化を図る時は、「リーダーは話を短く」を意識することが大事です。

リーダーの話が長いと、会議の時間が長くなり、活動までたどり着かないのです。会議をしていてもリズムが悪く、何を話していたか途中でわからなくなります。すると、そのうちメンバーの気はそがれ、その企画が現実から遠のくため、会議の意味がありません。長時間労働からの脱却もねらってのチーム化なのに、功を奏しないばかりか逆効果です。話が長くなる理由は次の2点です。

・説明ではなく、説教になっている。
・抽象的な一般論になっている。

例えば、各クラスでの生徒指導の対応について会議を持った例です。

本来は、生徒指導の対応のみに着目して話を進めるべきところ、担任としての心構えや授業の進め方、その他の課題も一緒に話してしまい、それが説教のようになっていました。

それに加えて、どのクラスのことかが特定されないようにいろいろ抽象的に話をしてしまうので、なおさら長くなるのです。これではメンバーに響かないし、自分のこととしてはとらえられません。結局、メンバーの気がそがれるのです。

リーダーは、あれもこれもと欲張らず、話を短くして、全体で共有したほうがよいことだけに集中しましょう。

6 話し合いも短時間で

先生同士がうまく話し合うことは、簡単そうに見えて実はなかなか難しいです。もし話し合いに時間がかかれば、取組そのもののイメージも悪くなって、取組が立ち消えになってしまうことにもなりかねません。

提案内容は、前もって伝えておき、話し合いを行う当日は、原案をもとに話し合うのがよいですね。その時ホワイトボードに学年会や部会の会議場所や会議時間を書くようにすると、視覚的にもわかりやすいです。また、複数の会議を同時進行で行う場合、時間がきたら放送で終了を促すのも、だらだらとせずに有効です。

一人ひとりが限られた時間と労働力のもとにみんな仕事をしていますから、会議はリズムよく行う必要があります。

①部会のリーダーは、いつまでに何をするのか、見通しをメンバーに伝える。
②部会のリーダーは、終了時刻をメンバーに伝える。
③終了時刻に、きちんと終わる。

「そんなに時間通りに終われるはずがない」と思うかもしれません。終わらないことが多いので、そんな気持ちになるのもよくわかります。でも、限られた時間の中で仕事をするようになることがチーム化に向けては大事なのであって、活動は効率的に行うということをいつも念頭に置いておかなくてはいけません。時間を意識すると、仕事の仕方が工夫できるようになります。

時にはじっくりと時間をかけなくてはならない話し合いもありますが、通常はトントントンとリズムよく進めるようにします。リズムよく行うのがコツです。そもそも人は、そんなに長い時間一つのことに集中できませんから。

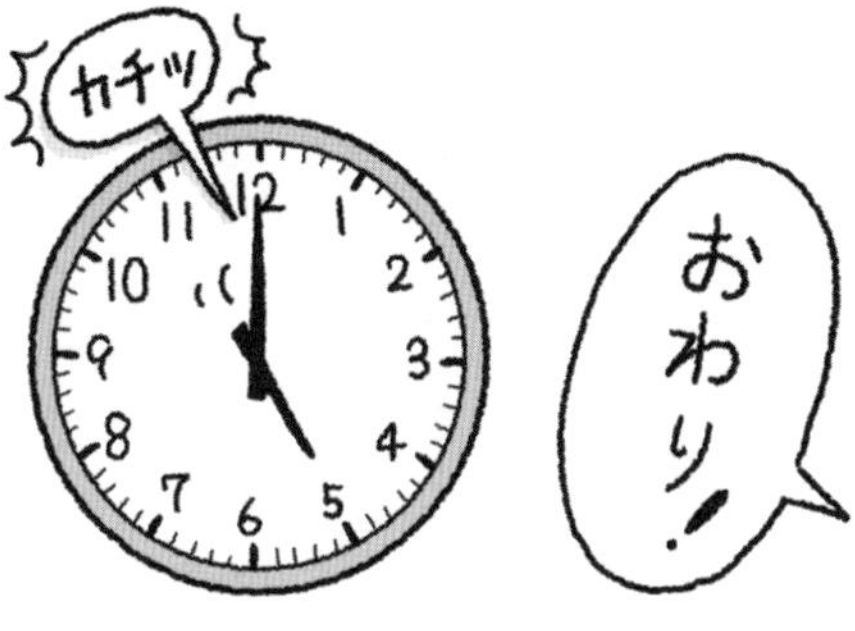

7 各リーダーに任せる

数人の先生が、あれもこれも任されて、汗をかいて取り組んでいて、他の先生は指示を待っている。そんな学校は多いですよね。

他の先生の負担を軽減する、自分でしたほうが早いなどと考え、あるいは良かれと思って一部の先生で考えて取り組むと、実は緩やかに一極集中型で、トップダウンの学校になっていき、やらされている感でいっぱいの学校になっていきます。

どの学校も課題は山積みです。指示待ちの先生ばかりでは、学校はもちません。「完成度が低い」とか「時間がかかる」とかあれこれ思うよりも、一人ひとりの先生が主体的に取り組めるよう、それぞれの仕事を各リーダーに任せていきましょう。

ある学校では、年間を通して異学年交流の遊びを行っています。学年間の調整が大変なこともあって、これまで中堅層の先生がそのリーダーを担当していたのですが、思い切って採用2年目の先生に任せました。

やはり最初の2回ほどはもたもたして、スムーズにはいきませんでした。任せるのは難しいかなと思案していたところ、3回目ごろからコツをつかんできたようで、急に上手に運べるようになりました。それだけでなく若い先生ならではの感覚で、これまで当たり前とされていたことを次々に変えていったのです。

例えば、これまでは、雨が降ったら、教室でカードゲームをするのが習わしでしたが、その先生は、体育館や多目的教室等をうまく使って、そこでできる遊びを次々と提案しました。新しい遊びを提案すると、遊びの中心となる子どもたちは、その遊びを他の子に伝えなくてはならないので必死になり、他の子どもたちも新たな遊びに夢中になって、待ち遠しい企画となりました。

誰がリーダーになったとしても、必ず課題はあり、問題も出てきます。大事なのはみんなでより良い学校にしていこうとすることです。仕事はそれぞれに任せて、改善点については、みんなで意見を出し合うようにしてみたらどうでしょうか？

8 仕事を一人だけに任せない

一人で仕事ができる先生は多いです。でも、中にはいろんなタイプの先生がいて一人で任されてもできない先生がいることも、あるいはそうするといろいろな困難が生じることも容易に想像できます。仕事を頼んだほうもその進行状況を、全て把握しておくことはできません。

そこで、仕事の漏れを無くすためにも一つの仕事に対して2人以上でかかるようにしておくのもお勧めです。なぜ責任者を2人以上にするとよいのでしょうか?

■責任者同士で仕事を分担する力がつく

今まで通りの指示待ちで、言われたことだけをする仕事のスタイルから、自分から仕事を頼んだり、相手のことを思って仕事をしたりといったことが行えるようになります。

人に何か仕事を頼むのは難しいですね。でも、コミュニケーションが少ない今の時代には、とてもよい修行の機会になります。また「誰かがしてくれている」ではなく、「相方がしてくれている」と意識させられることで他人事《ひとごと》では済まなくなり、代わりに他の仕事を手伝う態度も見られて、人材育成の面で有効です。

■仕事の漏れを指摘する負担が減る

一人に仕事を任せると、できない先生には何度も指摘しなければならなくなり、その結果、嫌な雰囲気になったりもします。でも、2人に仕事を任せると、できていない指摘を不快に思うよりも、どちらが主になって進めたらよいのだろうと、それぞれが戦略を練るようです。

第4章で、仕事をローテーション化して、複数でかかわる体制づくりについて記しましたが、例えば、体育部の新しい体育主任に、体育祭の提案を出すようにメモを貼ったり、水泳学習の割り当て表を出すように伝えたりしても、実際はなかなか返事が返ってこないこともあります。体育部には、前体育主任がいるので教えてもらえる環境にはあるのですが、現体育主任が一人で頑張っていて……、でもできなくて困っているのです。

前体育主任は聞かれたら丁寧に説明してくれるのですが、今の体育主任が、どの部分でつまずいているのかにはなかなか気づきません。つまり、ローテーション化したのに、ローテーションがうまく機能していないのです。

そこで、教務主任等が声をかける際は、〝前〟体育主任と〝現〟体育主任のどちらにも声をかけるようにします。メモを貼る際も、二人に貼るようにすると、以下のような効果が得られます。

・期日が守れるようになった。
・取組が安定してきた。
・体育部の結束が強くなった。

もちろん、前体育主任の負担は増えるのですが、引継ぎの仕事でもあり、今の体育主任が力をつけていく姿を見ることができるなどよい面もたくさんあるため、納得してかかわれるようです。

先生になった人は責任感が強く、どうしてもすぐに仕事を一人で抱え込みがちです。一人でやろうと考えてしまうのです。そこで、引継と人材育成を兼ねて、二人体制を組み込んでみるのも一つの手として有効です。

9 負担を計算に入れる

ある程度経験を積めば、仕事はこなせるようになるものです。でも、年齢を重ねると、それ以上に公私にわたって仕事が増えていくのも事実です。「急いで帰宅して子どもの世話をしなくてはならない」「親の介護で大変だ」「町内会会長の番が回ってきて雑務が多い」など、次々と仕事が舞い込むのではないでしょうか？

「急に主任だなんて言われてもできません」「これ以上仕事が増えたら困ります」と言われても、その通りなんですよね。

そんな先生方に、さらに仕事をお願いするのは気が引けます。提案する側は「こんなにいいことだらけの提案なのに……」とか、「若いころ自分は主任なんて軽くやっていたのに……」とか、思いがちですが。

組織を動かす時は、そういった自分を中心に据えたスタンスから、まずは脱却しなければなりません。組織的な負担軽減を考えるスタンスが大事です。例えば、負担の大きい取組を任された研究主任等は、他の担当から外すなど組織としてバックアップします。授業時数についても、僅かですが軽減している学校もあります。それでも負担に偏りはあります。どうしても負担をお願いしなければならないことと、他の先生でかかわれることを考慮しながら進めていきましょう。

助け合える取組の内容は何でもいいのですが、学校組織で動くように仕組むこと、他の教職員を気にかける機会を意図的に設けること、そうした仕掛けがあることで、お互いを認め合い、助け合えるチームとなるのです。

たとえ工夫したとしても実際の負担軽減は、僅かなものかもしれません。しかし、この負担を軽減しようとする努力が、頑張っている先生を納得させるのです。組織を動かすときはメンバーの負担を考えます。

自分のときはどうやって動けるようになったのか？

もう社会人なんだから、気づいて仕事してほしいけど、全然気づいてくれないのよねー。学年主任の私のほうが忙しいのに、雑務くらい自分からしてほしいわ。

「私の学年、学年主任が何でもしてくれるの」「優しい～」って喜んでいるらしい。でも、それじゃだめだよね？

自分はなぜできるようになったのかを振り返る

なぜ、自分は気づいて動けるようになったのかを振り返ってみましょう。そのきっかけを今の先生方にも用意すればいいのです。

・誰かに教えてもらった
・注意してくれる先生がいて気づいた

第6章 チームをレベルアップさせるための戦術

1 事前に指摘する

「○○しておけばよかったのに」と、後で指摘されると、つい素直に受け止められず、「それならはじめに言っておいてほしかった……」と、腹立たしく思ったことはありませんか?

例えば、研究授業の後で「こんな資料もあったのに……」「○○は聞いてくれたらよかったのに……」とか、「私だったら、図書室の本を活用させながら進めるけどね……」といった具合に。

もちろん、実際にその現場を見ないと、そういった指摘が思いつかないこともあります。また、指摘に関しても本人は「よかれ」と思って口から出ているわけであって、悪意はありません。でも、言われた先生からすると、「この内容で研究授業を行うことは事前に伝えていたはずだし、それだったらなぜやる前に言ってくれなかったのか」と、どうしても素直に聞けないわけです。せっかく親切心で言った言葉も否定的に取られては元も子もありません。

似たようなことが、学校で企画を展開していく時にもよくあります。指示する側は、焦らずに、どこで問題が起きやすいのか、どこが成否の岐路になるのかを整理し、簡単でよいので事前に伝えられるように意識してみましょう。それをどのように聞き入れるかどうかは相手に任せたらよいことです。

気づいた時に指摘してばかりいては、相手は気持ちよく仕事ができません。チーム化するポイントは、メンバーにいかに気持ちよく仕事をしてもらうかです。

現場では、なぜか同じようなミスが年中起き、それが常態化しているようなところがあります。一度整理をしてみて、事前に伝えられるようにしてみてはどうでしょうか。どうせ指摘するなら、後で指摘されるより、事前にしたほうが気持ちがよいですし、断然効果的です。

2 まずは先生同士でやってみる

ある学校では、人権啓発の取組として毎月全校朝会の時間に各クラスから人権に関する詩の朗読をすることに決まりました。

ここまでは、どの学校でもよくある話です。でもこの学校では、あるクラスは一人で紙を見て発表、あるクラスは全員で紙を見ずに発表。映像を使ったり、詩を複数発表したりと発表内容がバラバラでした。こんな時、企画の責任者に対して「指示が甘い」「確認が甘い」「段取りが悪い」などと思ったことはありませんか？

先生方がまとまらない原因は、「イメージが沸かない」「どうしてよいかわからない」からです。やり方が分からず億劫になって、自己流になってしまうのです。その結果、バラバラな指導になってしまいます。まずは15分程度のミニ研修の企画を任せ、企画を実際に体験してもらうと、ずっとスムーズにいきます。

以下は、ある学校のミニ研修申し合わせです。先生同士のミニ研修を行う場合は、企画や司会も担当者に任せると、当事者意識が出てよいです。

①学習に関する研修の企画を学年で順番に回す。
②担当学年は、学校全体の学習課題を考え、テーマを決める。
③教務主任に相談してから進める。
④時間は1時間、好きに進めてよい。
⑤最後に参加者から感想をもらう。

実際にミニ研修を行ってみると、できないところをフォローしてもらえるようになったりもします。肩ひじを張らずに正直に語れる研修になれば、先生方は安心して仕事ができるようになります。チーム化とは、こうした小さなことの積み重ねです。

3 やったことがないなら、一緒にする

「もう、仕事がいっぱい、いっぱいで、限界です」と聞いた時に、「それくらいの仕事量でそんなこと言ってどうするよ？ 結構余裕ある感じだけど？」と、ちょっとイラッとすることってありませんか？

こんな先生を見ると、すぐに「やる気がないんじゃないか！」と決めつけたくなります。でも、泣き言を言いながらやってくれないとすれば、その理由がどこにあるのかに考えを巡らせてみることも時には必要です。

時間をあげるとか、仕事を減らすとかすれば、解決するものではない場合もあるからです。実は、「今までやったことがないから、どうしていいかわからない」というケースが多いのです。つまり、未経験による知識の無さや自信の無さがその先生の心を支配してしまい、「自分にはできない」というメンタルブロック（物事を行う際に

自分の思い込みによってできないととらえてしまうと、結果として何もできないこと）がかかっていることがよくあるのです。

でも、不思議なのですが、一度経験すると、簡単にできるようになることがあります。単純なことですが、一度経験すると、そのメンタルブロックは意外なほど容易に打破できるのです。

だったら、その先生が大変だと感じている仕事を一緒にすればよいのです。不安や心配を取り除いてあげたらいいんです。

「一緒にするなんて馬鹿らしい。一人でやってよ！　こっちはそんな余裕ない」と思う気持ちもよく理解できます。でも、ちょっとそこに余裕が持てるとよいですね。

「一緒にする」は、前にも出てきましたが、バカにできません。やってみると実に効果的なんです。急がば回れで、できないと思っていた先生も、すぐに自立してくれます。考えているよりも少ない労力で済むので、まずは一緒にやってみてください。

4 相談しにいくことを習慣にする

「わからなかったら、聞けばいいのに、今の若い先生は、なぜ自分から相談しに来ないのでしょうか？」と、よく相談を受けます。

若い先生だけではないのですが、聞きにいけないのは「相談する」ことに、その人の性格であったり、タイミング、経験など様々なハードルがあるからです。そこで、まずは「なぜ相談に来ない」ではなく、「相談に来てもらうにはどうしたらよいか」を考えて動いてみましょう。何ごとも、「なぜ○○しない？」と言ってその原因を探ったり、責めたりするよりも、「○○するにはどうしたらよいか？」と解決志向の発想をする方が、よっぽど物事が進みます。

さて、どうしたらよいのでしょうか？

小学生みたいで冗談かと思われるかもしれませんが、若い人には先輩が一緒に相談に行ってあげると意外と効果的です。実は、聞き方がわからない先生が多いんです。「困っているんだったら、○○先生のところへ相談に行こうよ。僕も一緒に行くよ」と誘ってみてください。

よく職場の人間関係が重要だと言われますが、それは相談するところからはじまります。相談しにいくことを習慣化しないと、それぞれが勝手に行動してしまい、いろいろなところで問題が起きてしまいます。一部の相談しやすい人間だけで話をして、そこで決定していては、いつまでも次の世代の人材が育ちません。

5 できているかの確認をする

職員会議に提案して通った案件が、なかなか実行に移されないことはありませんか？　声もかけたのに、ちっともやってくれそうにありません。でも声をかけただけでは、一方通行でまだまだです。提案したのなら、実際に動いてもらうための働きかけをしなければなりません。

■ポイントを資料にしてチェック

「今の若い先生に、どこまで言っていいのかがわからない」という声がよく出ます。そこで確認するポイントを資料にし、学校体制でチェックできるようするのもお勧めです。お互いに見る視点・見られる視点がわかり、確認しやすくなります。ただし、確認する時間や日を決めないと、学校全体としては、なかなか定着しません。

■授業中にいきなり訪問してチェック

普段からできているかを調べるには最適です。あからさまにではなく、何気なく訪れた感じのほうがよいです。訪問されたほうの先生が、放課後に「今日は覗いてくれてありがとうございます。アドバイスがあったらお願いします」と言えるようであれば、なかなかのチームだと思います。

■放課後に訪問してチェック

放課後は子どもがいないので、担任の先生も幾分リラックスしながら、チェック内容を話し合うことができます。しかし、放課後の教室を見てもわかる情報は少なく、本当に取り組めているかどうかがわかりづらいのが難点です。

■学年会で話題に出してチェック

「ちゃんとできている？」といった確認ではなく、「取り組んでいて困ったことは？」「何か工夫しているところはある？」と学年会で話題に出すのも形式的かもしれませんが、策の一つです。意識づけをねらうのです。「一度、週末にお互いのクラスを確認しましょう」と宣言すれば、否が応でも実践の一歩を踏み出せます。

6 職場内で話し合う機会を増やす

公開授業に取り組もうとしたある学校では、職場内に「わざわざ公開授業をする意味がよくわからない」「なぜしなければならない」「とりあえずやればいいんでしょう?!」「私には関係ない」といった声があふれ、殺伐とした雰囲気が漂っていました。

多くの先生にかかわってほしいのに、どこか一部の先生で進めている、そんな感じになることはないでしょうか? 表面的な取組ではなく、それぞれの先生が、課題を意識し工夫してほしいものです。では、もっと多くの先生を巻き込むには、どうしたらよいのでしょうか?

■職員室で聞こえるように話し合う

話し合いを、職員室の一角の話しやすいところで行うといいですね。公開授業が近づいた学年であれば、それをどこかの教室でやるのではなく、みんなに聞こえるところで行うのです。そのためには、フリースペースとして自由に使える机と椅子が職員室のどこかにあるとよいですね。

他の先生方は、そうした話し合いを耳にすることで取組を意識するようになってきます。少なくとも自分たちが公開授業をする時は、どこまでのことをしなければならないのかを覚悟して、臨むようになるのです。

■先生同士が話し合うきっかけをつくる

職員室での話し合いを活発化させるには、まずは先生同士が話すきっかけをつくってあげるとよいかもしれません。ちょっとしたきっかけで、意外と話すようになるのです。例えば、「その内容ならちょっと○○先生が詳しいので、聞いてみたらどうですか？」など、若手をベテランに相談するよう促すのもいいですね。

あるいは、「それは校長先生に確認しておくといいですね」など校長先生を巻き込むのもアリです。相談される側は、忙しくとも悪い気はしません。むしろ頼られることで自己有用感が高まり、職員室の雰囲気がよくなります。

7 競争するのもおもしろい

戦国時代の武将、織田信長の命令で豊臣秀吉が清須城の石垣修理を短期間で終えた話は有名です。工事現場を10組に分け、それぞれに責任者を決めて、競争させる方法を取ったのです。あおるわけではないのですが、「競争して取組を進めるのは楽しい」「ライバルがいてやる気が燃える」、そんな経験をしたことはありませんか？

実際に、ある学校で若手育成研修を行う際、メンバーを2つに分け、取り組んでみました。テーマは危機管理対応で、学級でけがが起きた話を保護者にどう伝えるのかを、ロールプレイして学ぶ研修です。

研修ではそれぞれで練習し、その後、お互いのチームが保護者役としてロールプレイするというものでした。リーダーが「あのチームには負けたくない」「こっちのチームの対応はさすがと言われるようにしよう」と言うだけで、それぞれのチームに一体感が見られ、盛り上がりました。

また、学年では全国学力調査テストや、中間・期末テストで競い合うケースもあります。そもそも先生の経験年数や実力、学級の状態を考慮した編成になっているので、競い合う条件としては十分です。中学校では各教科を全市平均と比べ合う方法もあります。

ただ、競い合うといっても、復習内容を丁寧にしたり、子どもへのテストに対する声かけを意識したりする程度です。普段、対抗意識を燃やして仕事をすることがなくなってきている現場では新鮮で、意外と楽しく、充実感も得られやすいので、試みてみるとよいかもしれません。

8 チームで活動する時間を保障する

ある学校では、職員室が汚いことが問題でした。そこら中に何年もの間たまった埃があり、机の上には本や資料が山積みの状態でした。保護者からも「職員室が汚い」と言われるほどで、管理職から教職員に掃除を徹底するよう伝えるのですが、効果はまったくなし。

そこで、教務主任が学年ごとに掃除をする場所と時間を具体的に提案すると、教職員は丁寧に掃除をしたのです。さらに驚くことには、時間が余れば床を磨いたり、棚を整理したりして、協力し合って働くのです。職員室がきれいになると、それ以外の場所も気になるようになり、しばらくすると学校はピカピカになりました。

チームで掃除するように企画したこともうまくいった理由の一つでしょうが、成功した最大の秘訣は、職員室掃除の時間を明確に設定したことです。掃除の時間が設定されているため、その時間は嫌でも掃除をすることになりますから。半ば強制的ではありますが、その方が実は親切だと思います。

これは、他の仕事でも同じことが言えます。カリキュラム検討のチームや廊下部分の掲示チーム、みんなで使う英語の教材づくりチームなど、それぞれのチームが活動する日時を設定して時間を保障してあげると、その時間で効率的に仕事をしてもらえることが多いです。

活動を完全に任せてしまうやり方もありますが、なかなか重い腰があがらなかったり、最初の1〜2回はうまくいっても、続かなかったりすることも珍しくありません。

何事も時間を見つけて自発的にやるのが理想かもしれませんが、活動する時間を確保してあげると、意外とうまくいきます。与えられた時間は、有効に使いたいですからね。年間を通して、そうした時間が見通せると、メンバーから見ても予定が立てやすくなります。

9 資料は読んでもらえないものと考える

ある先生の提案する資料は、いつもうまくて感心してしまいます。読み手への相手意識を持っているのです。めあてや方策を挿絵や吹き出しを入れてイメージしやすいよう表現したり、締め切り日などの強調する部分は太字で見やすく作成されていたりします。

その努力の甲斐あってか、特に否定的な意見も見られず、取り組んでもらえるのです。でも、その先生も過去には資料を読んでくれないと悩んでいた時期があったそうです。

資料というものは、読んでもらえるのは最初の一回だけです。こまめに資料を読み返してくれる先生などいません。提案者だけが必死になってタイムリーに提案書を差し替えたり、追加した資料を配布したりしても、資料を見てくれる先生が増えることもありません。

メールでの配信も細かく何回も行ったり、長文で行ったりすると、そのうち読むのが面倒になって見なくなり、逆効果の場合があるのと同じですね。つまり、資料というものは気合を入れて書く割に、なかなか読んでもらえないのです。では、どうすればその資料で取組内容を意識してくれるのでしょう？

その学校では先の先生を見習って、イメージのわきやすいイラスト入りの資料を作成するように次第に皆が倣うようになりました。さらに、変更などがあれば、わかりやすい資料を追加で置いたりもするのですが、取組意識を継続してもらうために、職員室の目立つところに、提出期限や提案内容を短い言葉で貼るようにもしています。

常に目に付くので、それを見て資料を見返す先生も増えました。言うだけでなく、あるいは資料を置くだけでなく、目立つところにも掲示するのです。声かけが増えるなど、発信する側の意識も変わりました

10 誰が担当しても、できる資料をつくる

ある先生が異動すると、たちまち困る学校ってありませんか?

例えば、着任式や始業式、入学式といった行事の当日の準備を行う際に、ほとんどの先生が資料を持っていません。その先生が今まで仕切っていたので、残っていた先生方はどう準備してよいのかわかっておらず、段取りが悪いのです。

先生方は誰かに教えてもらうつもりでいるらしいのですが、新しい担当の先生は全く手が回らない状態。提案資料をよく見ても、具体的な動きや配置するものなどが詳しく書かれていません。来賓用パイプ椅子は何脚出すのか? 雨の場合、傘はどこに置くのか? 子どもはどこで待機するのかなど……。当日になっても焦っています。

そんなことにならないように、まずは丁寧な資料づくりから試み、どの先生でも仕切れる学校にしていきましょう。いつもしていてくれていた先生が異動すると、機能しなくなる学校は、誰にもわかる資料がつくられていない可能性があります。

資料作りの極意

■どこに何が置いてあるかがわかる写真を撮り、印刷して残しておく。
（補足資料として最強）
■どこに道具が置いてあるのか、それを誰がいつまでに用意するのか、用意するまでに必要な手続きがあれば、記載しておく。
・暖房器具は〇〇中学校に借りる。教頭が連絡
・体育館は〇日前から使用禁止、地域・PTAに要連絡
■昨年度の課題点と改善策（今回の注意事項）を載せておく。
■子どもや保護者、来賓の動線を確認する。
■準備が進んでいるか、チェックする役を決めておく。

できる先生に任せてしまわないで、誰が担当してもできるようにするためにも、ぜひ誰が見てもわかる資料をつくりましょう。もちろん、学校の状況は毎年変わっていきますから、随時更新してください。

〔式場図〕　６年と相談し、今年度は下記の案で進めます。

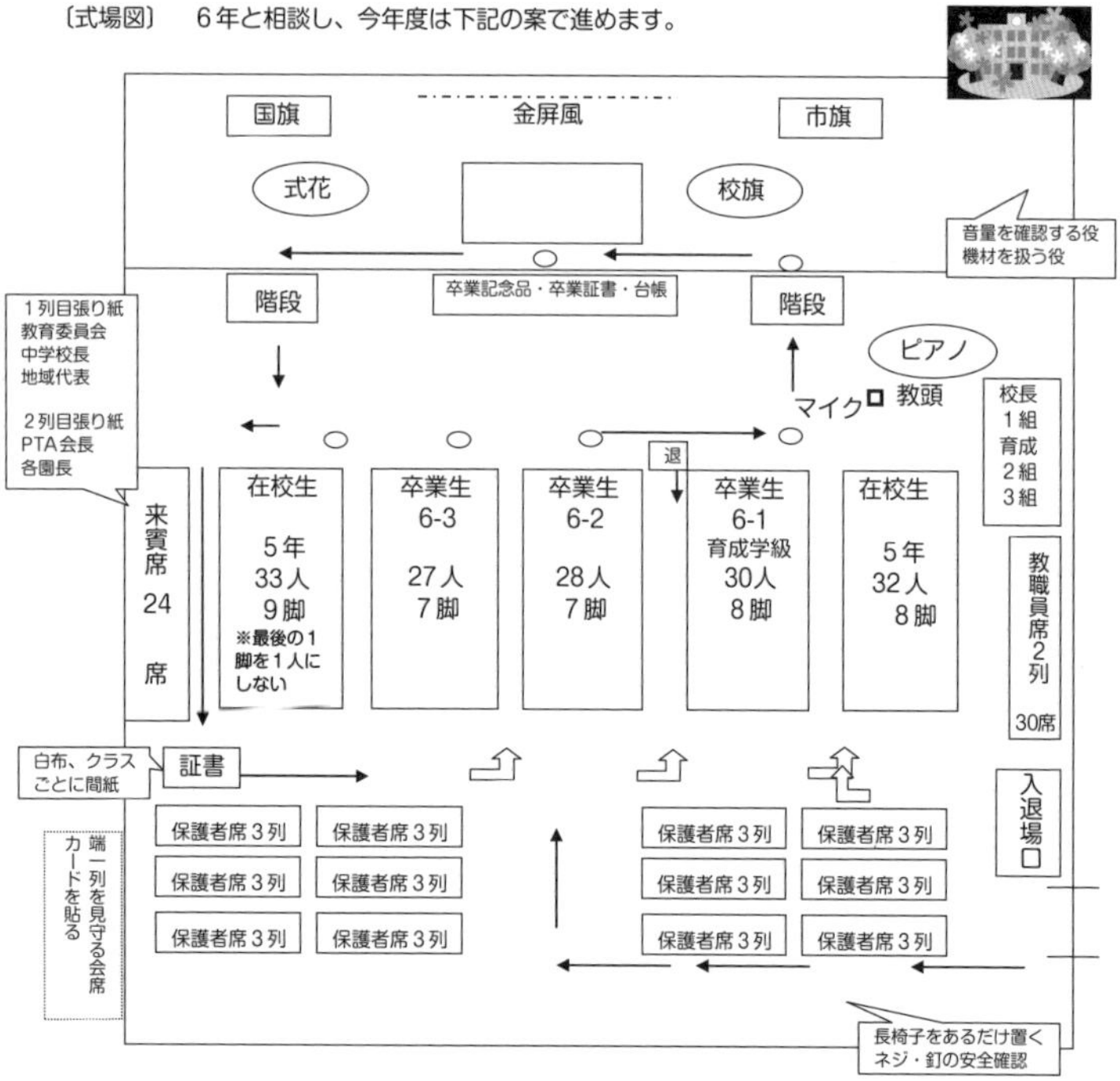

１組担任　　育成担任

１列目
１組の①②　育成の①②

２列目
１組の③④⑤⑥

３列目
１組の⑦⑧……

長椅子は右から入り、左から出る

⇨

①	②	①	②
③	④	⑤	⑥
⑦	⑧	⑨	⑩
⑪	・	・	・
・	・	・	・

入場、
卒業証書授与、
退場は

６－１
↓
育成学級２名
↓
６－２
↓
６－３
↓
の順となる。

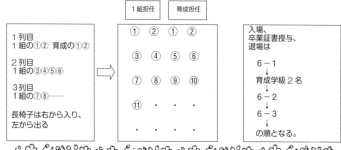

第7章

心をほぐし、つなぐための戦術

1 感情に訴える

実は、チーム化するに当たっては、合理的に情報を伝えるだけでは十分とは言えず、感情に訴える形で丁寧に説明することが、より大事です。人は感情の生き物であって、理論がいくら正しくても素直に受け入れることができないこともあるからです。

心に訴えることを意識してみると、自分も相手もモチベーションがいくらでも上がり、鬼に金棒です。

例えば、「若手に絵の指導法を教える」という勉強会を実施しようとすると、ベテランの先生たちから注文の嵐が吹き荒れることがあります。あれも教えたほうがいい、これも教えたほうがいいと、自分が取り組んでいた内容を全力で教えようとします。「自分だったらこうするのに……」という発言もよく耳にします。

熱心ですし、もちろんよいアドバイスをしているのですが、その様子を見て、「惜しいなぁ」「もったいないなぁ」と感じてしまうのです。起点がいつも自分で、自分の理論ばかりを展開しているからです。そもそも、その時点で長年培ったベテランの期待に、若手がすぐに応えることができるでしょうか？　そんなことはできるはずないですよね。若い先生は、ベテランから「これくらい、なぜできない？」と言われているような気持ちになり、イライラして心がそこから離れるばかりで、険悪な雰囲気になることさえあります。

そんな時は、若い先生の心を安心させることを優先してください。うまくいかなくて心が晴れないいんですから。「まずここだけ押さえたらいいよ。そこさえ押さえたら大きくそれることはないので安心だよ」と、相手の技量や心の状態に沿ったかかわり方をすると、若い先生の不安が払拭されるはずです。

専門的な技術に言及するのは、その後でいいんです。少し芽が出た状態で、植物に肥料やら水を大量に与えても育たないように、過度の指摘から実るものは少ないのです。「自分」と「人」とは違います。自分本位の考え方から、もう少し俯瞰した見方をして、相手の心や相手の状態に寄り添ってアドバイスしてみましょう。相手の感情に響いたならば、その先はきっと楽なはずです。

2 激励や期待は、ほどほどにする

応援のつもりで言った言葉が、プレッシャーになることはよくあります。例えば「私だったら2日もあれば指導案が書ける（あなたもいつかできる）」「私だったら、朝一番に来て、夜、最後まで残る（今は踏ん張れ）」といった言葉です。

激励のつもりで言われても、自分の実力や体力・精神力から大きくかけ離れていると、その言葉が大変重く、つらく感じるわけです。ちなみに、アドバイスをもらって期待通りに動けないと、非難されはじめることすらあります。このような発言は、それぞれの経験してきた年数や環境、その人の得手不得手も関係してくるので、なかなか難しいです。

コミュニケーションの方法として、共感することが大事ですね。共感することが相手を認めることにつながるからです。孤独で不安な状態が続けば、先生の仕事に支障をきたし、子どもたちに何らかの影響が出てきます。「あなたは一人じゃない。私もそばで応援していますよ」と、素直に伝えて安心できるような共感が必要です。

一方で、共感の強要は辛くなってしまうので控えたほうがよいです。

例えば、過去の苦労話を自慢げに話すことです。「昔は、もっとしんどかった」「よく家庭訪問で、夜遅くまで学校にいた」「自分の時は、仕事を3つも4つも任されていた」。こんな話は、元気な先生には有効なのかもしれません。でも、今その瞬間、苦しんでいる先生には「だから君も頑張れ」と言われているようで、辛いだけなんです。いつも「昔はよかった。自由だった」などと聞かされていたらなおさらのことです。「今と昔は違う!」としか思えません。

職場で限界を感じている先生は多いです。その先生への共感は「私も頑張って乗り越えられたよ。あなたも頑張ろうね」ではなく、「本当につらいよね」「助かっているよ」「今、余裕あるよ。何か手伝おうか?」「都合つけて早く帰ってね」といったものだと救われるように思います。

3 時には厳しさも必要

ある用務員さんは、いつも笑顔。何でも仕事を引き受けてくれます。赴任早々、早朝から敷地の草木を剪定、休日にはペンキ塗り、修理、修繕とみるみる学校が変わっていくのがわかるのです。年休をとる日も学校を開けてから休みをとられる姿勢に、全教職員も頭が下がります。他の学校からの誘いも多く、どの学校でも手伝いに行かれているようです。

そんな用務員さんに「どの学校にも手伝いに行かれるのですね。凄いですね」と話しかけたら、「ワシは頑張っているとこにしか、行かん（ない）。この学校も含めてね。口だけのところは助けん」と笑顔で答えました。優しさの中に厳しさを備えているのです。これを聞いて、自分たちは大丈夫だろうかと気が引き締まりました。

相手の反応をうかがい、言いたいことを言わない職場は多いと思います。しかしながら、相手にとって大事だと思うこと、この学校にとって大事だと思うことをこの用務員さんは厳しく言ってくれるのです。言いたいことを遠慮して何も言わないのではなく、時には声に出して伝えることも大事です。

言わなくても動く先生、言われなければ動けない先生と、学校現場では様々な先生がいます。でも、言ったら意外と動いてくれる先生や声かけを待っている先生も多いです。

言ってもこちらの期待に添わないこともありますが、心を込めて言ってみたらよいと思います。言いにくいかもしれませんが、言おうとすると、自分も身が引き締まりますし、言ってみたら、素直に反応してもらえることも多いです。

4 余裕がない時ほど、話しかけ、ほぐす

余裕のない職場は、「今は忙しいの。話しかけないで！」というオーラや「雑談している暇があるの？」という視線に溢れ、楽しい会話が減ります。一見仕事がはかどりそうなのですが、実際は次第に仕事の充実感が失われ、活力が低下していきます。そんな職員室にいた経験はありませんか？

ある小学校の教頭先生は、仕事が忙しくなると、休憩がてら職員室の先生たちに話しかけていきます。その教頭先生は、仕事に集中している先生や締め切りに追われている先生のそばで、ずーっと横で眺めているだけだったり、「何をしているの？」「忙しいの？」「週末の予定は？」と、場違いな会話をはじめたりするのです。そんな教頭先生をちらっと横目で見ながら、周りの先生は「自分じゃなくてよかった」と感じ、少し笑顔になります。

はじめは真面目に答えていた先生も、そのうち「あっちにも話を聞いてもらいたそうな顔している先生がいますよ」と他の先生のところに行くように促しはじめます。

教頭先生は、それでも動かずに話し込み、さらに周囲が笑顔になったところで自分の仕事に戻るのです。疲れ切っていた職員室に、少し風を通した瞬間です。

後日、教頭先生が再び同じように動き出した時、若い先生が笑顔で「今日はマジ勘弁してください～」と言い、職員室に笑い声が響きました。雑談に挑戦すると、職員室がほぐれることがあります。挑戦してみる価値はありそうです。

5 雑談で仲間意識を培う

先生同士の経験年数や経験内容、年齢差等を考えると、チームになるといっても難しい部分もあります。それぞれの年代ごとに悩みも異なりますし、多忙な中にあっては、毎日自分の仕事をこなすだけで精一杯なのも理解できますよね。

そこで、あえて雑談して仲間意識を培うのもよいですね。ポイントは、雑談のテーマです。相手に合ったテーマを提供できるのが一番よいのですが、以下のようなテーマで雑談を展開してみてはいかがでしょうか?

■好きなタイプ（芸能人で言うと）

相手が勝手に話してくれるテーマであり、自然な自己開示が促せ、仲間意識が芽生えます。多くの先生に使えるのでお勧めです。

■炊事や洗濯の仕事

これは意外と盛り上がります。「簡単にできる食事は?」「洗濯は朝干す? 夜干す? 誰が干す?」みなさんも、すぐに頭の中で考えてしまう内容ではないでしょうか?

しかし、掃除は意外とNGです。「あまりしていない」とか、「うちの家は汚い」とかカミングアウトしなくてはならないようになってしまいます。きれいにしている人の話も、他の人はあまり共感できないようです。

■お勧めの店や旅行先

現実逃避と言えるほど、食べ物や旅行は盛り上がります。美味しいものについて話した後、実際にそこで食事をした感想を話すとチームの団結力は高まります。またテイクアウトして職場のみんなで食べたりすると満腹中枢が刺激され、職場の雰囲気がよくなります。

実は、職員室に入っただけで、外部の者であってもその学校の雰囲気がすぐにわかります。

よいチームだなと感じる学校の職員室では、授業の反省や子どもにかかわる話が和やかになされ、話している先生も聞いている先生も、無意識のうちに癒されている姿が見られます。

第8章

実践例「話し合い活動」に取り組んだ学校

「話し合い活動に取り組むことが、今この学校に必要なんです。さぁみなさん明日から頑張りましょう‼」。そう言われて、みなさんはついていけますか？

ついていけないとしたら何が原因なのでしょう？「いいですよ！　一緒にやりましょうよ」とはならない理由に、以下のようなことが考えられます。

・イメージがわかず、不安を感じる。
・負担が増えるだけで、魅力を感じない。
・自分はできていて、必要だと思わない。
・自分に余裕がない。
・提案者と関係が築けておらず、協力する義理もない。

でもこれらのことは、実は取り組む初期の段階でクリアできるのです。では、実際にチームとして話し合い活動に取り組んだ事例を順序立てて紹介します。

1 枠組みづくり

■メンバーを選ぶ

まずは機動力に優れた、提案者が頼みやすいメンバーを4〜5人選びましょう。基本のメンバーは決めておき、オープン参加にしておきます。仮に形式的であったとしても「ご参加お待ちしています」と呼びかけることで閉鎖的になることを避けます。

もちろんメンバー選定は、まずは「学年で」「教科部会で」「生徒指導委員会で」といったメンバー選定でもOKです。発案者がやりやすいチームでまずはやってみましょう。

その後、成果が出たら学校全体へと広げればよいのです。「この取組はいい」と感じてくれた複数の先生で発信するのですから、スムーズに全体が動いてくれます。

ある学校では「なぜ、私は呼ばれないの?」と不要な邪推をされないよう、採用5年目までの先生と講師の先生の計8名としました。それをAチーム、Bチームの2つに分け、それぞれに育成を兼ねたミドルリーダーを付けて、計10名でスタートしました。スタート後は、ミドルリーダーに提案してもらうなど、彼らに中心となって動いてもらいました。

その時の初会合は、茶菓子で警戒心を解きました。はじめの集まりというものはどこか緊張します。「今度は何をさせられるのか？」「忙しいのに？」「なぜ自分が？」などの気持ちでいっぱいで、スタート時から前向きに臨む人はほぼいないといってよいでしょう。そこで、茶菓子を用意してリラックスしながら話をはじめると、雰囲気が緩和されるのです。親和的な雰囲気のもと進めれば、ギスギス感が緩和されます。

お菓子はスナック菓子などを適当に取ってくださいというスタイルよりも、一人ひとりに配布できるよう、例えば、ドーナツにコーヒーのほうが安心してもらえます。出だしはとても大事です。その誠意も含めて、先生方は取組の内容を考えてくれるのです。

メンバーの中には、赴任1年目の先生を誘うことを忘れずに。赴任1年目は気を遣うことが多く、新しい勤務校で多少なりとも不安を感じています。こちらから誘うことで心が打ち解け、安心して新しい職場で頑張ってくれます。

■ビジョンを語る

まずは、このメンバーを選んだ理由を伝え、どのような働きを期待しているのかを伝えましょう。この取組を通してどんな姿を、職員室の他の先生方に感じ取ってもらいたいのかも具体的に話すとよいです。

ここで形骸化した取組になるか、心が動かされてチームとしての改革がはじまるのかが決まります。是非、メンバーに自身のビジョンを語り、望ましいチームづくりをはじめましょう。

次に、なぜこの取組をお願いするのかを丁寧に説明します。「話し合い活動」に決めたのは以下の点からです。

・本校の実態に対する方策として必要である。話し合い活動ができるようになって、子ども同士で問題解決できる学級になれば、本校の子どもたちが成長できる。

・先生同士が話し合える機会として有効である。個業で働いている先生が多く、どの先生も取り組めそうな内容にして、仲間同士励まし合える職場にしたい。

こうした理由から、この取組を選んだと伝えます。「まずはやってみよう」「課題は話し合って改善していこう」「仲間となら続けられる」、この力強い言葉で多くの先生は躊躇せずに取り組んでくれます。

■メリットを伝える

取り組むとどのようなメリットがあるのかを説明します。「子どものため」という一言で取り組んでもらうのは安易すぎ。先生方はその言葉の多用によって仕事量が増え、多忙の極みに達しています。子どもがどのように育ち、その結果、先生方にどのような利益があるのかまで説明しなければ、快く動いてはくれないでしょう。

「話し合い活動」に取り組むメリットは次の通りです。

子どもが伸びる

・問題行動に先生たちが追われていたが、子ども同士で解決できるようになる。
・学級が落ち着き、自分達で主体的に動ける集団になる。
・授業も積極的に参加するようになり、学力も伸びる。

担任にゆとりができる

・指導したり家庭訪問したりする生徒指導にかかる時間が減り、仕事に余裕ができる。
・教材研究や他の仕事にゆっくりと向き合える。
・家にもその分、早く帰ることができる。

さて、日々忙しいのに、いつ取り組むのでしょうか？暇な先生など皆無なのです。取り組む時間は、それぞれの先生に任せるのではなく前もって確保します。「話し合い活動」については、最初の数回だけは学級活動の時間を使うようにします。その後は、授業がはじまるまでの帯時間（15分）を利用しました。

「毎日でなくても、週1回からでもOK。やってみてまた話し合いましょう」と伝え、ゆとりのある提案にするとよいですね。

「忙しいからこそ実は取り組むのです。はじめは苦労しますが、やがて手をかけなくてはならない時間が減って楽になるし、子どもも自立します」と伝えてください。

2 ロールプレイで取組内容の共有

指導する先生自身がイメージできていないと、形式的なものになってしまい、子どもによい効果は表れません。また先生方の取り組む意欲も下がり、後回しにされてしまいます。

ロールプレイを実際にやってみると、逆にわからないことが見えてきたり、不安が解消されたりします。この取組では、子どもに最初の1時間目に、話し合い活動の取組をどう紹介するのかを考えるために、ロールプレイを使ってやってみました。

提案者は、参加してくれている先生を子ども役にして丁寧に説明します。すると、子ども役の先生もイメージが沸き、「これは確かに子どものためになる」「これならできる」と思ってもらえます（もちろん実際には、そう簡単にいかないのですが……）。

このロールプレイ後に、実際に取り組んだ子どもたちの感想を次の会議で紹介すると、もう完璧。「早く取り組みたい」と思う先生が出はじめます。

ロールプレイだけでなく、話し合い活動の流れを記した用紙や小道具もお土産に持って帰ってもらったりすると、さらによいですね。

　こうした至れり尽くせりの姿勢無くして、人に動いてもらえることなどありません。

3 継続のモチベーションを維持

驚くことなかれ、ここまでして決まったことが実際に取り組まれるかというと、実はそううまくいかないんです。なかなか取りかかれない、あるいは1回はしてみたけれどそれでやったつもり……といったことが意外とあるのです。

そこで励まし合える場を計画的に設定することをお勧めします。この話し合い活動の企画では、以下のようにして励まし合い、モチベーションを維持することにしました。

■お互いの取組をローテーションで見合う

・取り組んでいないとバレてしまうので、ローテーションする日までに一度は取り組もうとする。

・ローテーションすることで、各教室の子どもの様子がわかる。

・ローテーションすることで、各教室の学級経営の様子がわかる。

先生方がお互いの教室に入り、話し合い活動の様子を見させてもらうと、「こんな風に進めているのか」「こんな工夫をしているのか」など様々な刺激を受けます。このローテーションで見合った最後の日は短時間でよいので、どのような刺激を受けたのかを放課後にでも交流しましょう。

落ち着いている学級は、時間通りに進めて時間内に終わるよう子どもに指導が入っています。学級経営が危ういクラスほど「まぁいいか」というように、何事も後回しで、おまけに時間にもルーズです。ローテーションにすると、そうした観点からも反省したり、考えたりするきっかけとなり、よい刺激になります。

■一人の先生のやり方を取り上げて指導の仕方を検討する

一人の先生の指導法に焦点を当てて、工夫しているところや課題を指摘し合い、それぞれの課題改善につなげるのも有効です。自分の学級の指導はさておき、他の先生の指導について検討するので、安心して参加できます。

グループで「次はいつ集まる？」と相談してもよいですね。採用5年目までのグループだったので、学年はバラバラでした。同学年の先生には、自分が公開する日を知らせるように伝えています。こうやって少しずつすそ野を広げていきましょう。

もしもこの取組に予算が付きそうなら、モチベーションが上がる物品を購入するのもよいですね。何か形に残る物を買いましょう。こういった細かなモチベーション維持作戦が、チーム化には有効です。

みんなに読んでほしい本を学校で購入するケースも多いのですが、手にとって読まれていないこともあります。

本の選定をリーダー的な先生に任せたり、本をよく読む先生にお願いしたりすると、読んでもらえる上、本の紹介もしてくれるのでお勧めです。

4 ゴールを用意

ゴールを用意するとは、取組の軌跡が見てわかるようにし、「チームでやってよかった」という充実感を感じてもらうことです。

この段階では、先生方同士ができている点を認め合うことが大事です。先生方が陥りがちなのは、できていない点に目を向け、課題を指摘してしまうことです。どんな取組であっても、少しはよかった点、すなわち次のステップへの芽があるはずです。できているところを認めるのが、チーム化のプロセスでは大事です。

難しく考えるのではなく、「○○先生が、子どもの前で役になりきって話し合い活動の見本を見せていたのに驚きました」「職員室の雰囲気と違って凄かったよね」など、仲間のよさを認め合う場面を設定するだけで十分です。声に出して認めてもらうことによって、メンバーはやってよかったと、はじめて思うことができるのです。

取組の軌跡がわかる成果物は、一人で、あるいは自分の学級だけで実践しようとすると、時間がなかったり、忘れてしまったりしてしまいがちです。

みんなで感想などを持ち寄って、成果を表に出すことで継続しやすくなりますし、何より教員同士お互いに認め合い、高め合うことができるようになります。

そして、ここにベテランを巻き込むのもポイントです。ベテランを立て、ベテランの評価を取り入れることで、学校全体の取組として広げられます。人から頼られて気分の悪いベテランなんていません。

5 発信

小さなチームで取り組んだことは発信し、他の先生にも知ってもらいましょう。小さなチーム内の取組を全体のチームにまで広げることで、その取組はより意味を持ちます。

先生方は、日々自分の学級や雑務に追われ、目の前のことに忙しいので、案外、他の先生がどのような取組をしているのかは知らないものです。発信することで「自分もやってみようかな」と思う先生も出てきます。

以下のような発信の仕方もあります。まずは管理職に相談し、職員会議の後の時間を少しもらうなどして発信してみましょう。

■プレゼンの発信準備

実際に発信する先生と、発信をコーディネートする先生は別で進めていきます。実際に発信する先生は、他の先生方に何を伝えたいのか？ どう感じてほしいのか？ を意識して発信するようにします。コーディネートする先生はできるだけ、直接発信する先生に任せます。コーディネートする先生が、あれやこれやと口をはさむと、いつまでたっても人が育ちません。委任型リーダーシップを覚えていますか？

そこそこの内容でＯＫです。発信しながら力を付けてもらうことを優先しましょう。

■発信内容の確認

プレゼンの内容を「あれもしました。これもしました」と並べ立てられても、あまり先生方の心には届きません。取り組んでどのような手ごたえを感じたのかを発信者自身が、リアルに自分の言葉で語ることができるとよいですね。

やってよかったこと、やって学べたこと、気づいたこと、周りからアドバイスしてもらったことなどを伝えると、他の先生も少しは聞いてくれます。

■発信方法

パワーポイントを使って映像で伝えるのか？寸劇をいれるのか？

相手に聞いてもらえる工夫をしないと、普通では聞いてもらえません。取り組んでできあがった成果物を見せたり、子どもの感想を紹介したりもよいですね。

持ち時間も意識します。先生はとにかく話すのが長い。疲れているのに、長い時間聞いてなどくれません。10分を目安にして、完結するようにします。

■発信する時のポイント

○視覚的で耳に残る発信をする。
・写真を使う。
・短い映像を使う。
・短いフレーズを使う。
・引用文を使う（高尚になる）。

○活動を入れる
・グループディスカッションを組み込む。
・クイズを出す。

余力があれば、「話し合い活動を見学しました」「振り返りではこのような意見が出ました」と写真付きのお知らせ用紙を職員室に貼ったり配ったりします。そうすることで、周りも認めてくれますし、取り組んでいる先生たちも自分たちの取組を周りに知ってもらい、安心感や充実感を得ることができます。

通信は見やすく、簡単に

H《はなしあい》 K《かつどう》 会 通 信

〜 話し合い活動を見学しました 〜

担当　森口光輔

先日、発足したＨＫ会のメンバーで３年Ｂ組の教室で行われている「話し合い活動」を見学しました。

今回のテーマは

「授業中に私語をしてうるさい人がいます。
どうしたらいいですか？」です。

↓

「やさしく肩をたたいてあげる」に決まりました!!

見学後の振り返りでは、下記のような質問が出ました。少しずつ課題を改善していき指導者の力量アップに努めます!!

○友達の話を聞いていない場合、どうかかわるのか？
○同じ人ばかりが意見を言う時には？
○活動の途中で時間がきた時には？

お知らせ

次回は○月○日（　）13：40〜13：55の帯時間に１年Ｃ組で行います。是非、ご参加ください!!

維持するきっかけにする

この通信を見て、他の先生に「頑張っているね」「応援しているよ」と言われました。通信の作成は、ミドルリーダーで分担すると良いです♬

6 ねぎらい

堅くてまじめな取組だけでチームを形成していくのではなく、楽しいことも提供できるチームのほうが、自然と教員同士がつながれます。

■ねぎらいの例

・食事に出かけお互いをねぎらう。
・チーム対抗バレーボール大会をしてねぎらう。
・関連する本を紹介しつつねぎらう。

食事にしても、バレーボール大会にしても、直接顔を見てふれあえます。多忙な中でなかなか読む本を探す余裕のない先生たちにとっては、本を紹介し合うのも喜んでもらえます。こんな些細なことを積み重ねながら、それぞれにリーダーの自覚が培われ、チーム化が図られるのです。

活動がひと区切りついたら、リーダーをねぎらうのはもちろんですが、むしろ、その活動を支えたフォロワーの先生をねぎらうことのほうが重要です。

チーム化は、リーダーの力だけでは決して図れません。フォロワーとして活躍してくれる先生がいてこそ、はじめてチームになるんです。

こうなると、もはや学校は効率的になっているでしょうし、先生たちも楽になっているはずです。

おわりに

本書では、チーム学校を目指すにはどうしたらよいのか、具体的な方策を紹介しました。もしかしたら、「こんなにたくさんあるの？」と思われた方がいるかもしれません。「いえいえ、そうではなくて、どこからでもよいので、あるいはどれか一つでもよいので、やってみたらいかがでしょうか？」というのが、私たちの提案です。そのちょっとしたきっかけから、学校は変わります。

さて、本書を刊行するに当たって、学事出版の町田春菜さんには大変お世話になりました。勉強熱心で、現場の先生方にはどういった提案の仕方がよいのか、いつも真剣に考えておられて感心させられます。本書についても本の構成等、厳しくも温かい目で激励していただき、こうして世に出してもらうことができました。厚く御礼申し上げます。

本書が学校現場で活躍される先生方の力となることを私たちは願っています。

２０１７年７月　片山紀子

引用・参考文献

・大津市中学校におけるいじめに関する第三者調査委員会「調査報告書」2013年1月31日
・角田豊・片山紀子・小松貴弘『子どもを育む学校臨床力』創元社　2016年
・片山紀子・角田豊・小松貴弘「チーム学校に向けた現代的課題—生徒指導的観点から—」『京都教育大学紀要』130号　2017年
・片山紀子編著・森口光輔著『誰のため 何のため　できてるつもりのアクティブラーニング』学事出版　2016年
・片山紀子編著・原田かおる著『知ってるつもりのコーチング　苦手意識がなくなる前向き生徒指導』学事出版　2017年
・篠原岳司「教師の相補的『実践』に着目した学校改善理論に関する一考察　J・スピラーンの「分散型リーダーシップ（distributed leadership）」理論の検討」『日本教育経営学会紀要』49　2007年　52〜66頁

・志水宏吉『学力を育てる』岩波新書　2005年
・露口健司『学校組織のリーダーシップ』大学教育出版　2008年
・デボラ・アンコナ＆ヘンリック・ブレスマン著、西田忠康・サイコムインターナショナル・鈴木立哉訳『Xチーム　分散型リーダーシップの実践』ファーストプレス　2008年
・鍋島祥郎『効果のある学校』解放出版社　2003年
・ニッコロ・マキアヴェリ著・池田廉訳『新訳 君主論』中公文庫　2002年改版
・ピーター・M・センゲ著、守部信之訳『最強組織の法則―新時代のチームワークとは何か』徳間書店　1995年
・ピーター・M・センゲ著、枝廣淳子・小田理一郎・中小路佳代子訳『学習する組織―システム思考で未来を創造する』英治出版　2011年
・八尾坂修・片山紀子・原田かおる『教師のためのコーチング術』ぎょうせい　2016年

編著者

片山　紀子（かたやま・のりこ）

奈良女子大学大学院 人間文化研究科 比較文化学専攻 博士後期課程修了、博士（文学）。
現在、京都教育大学大学院 連合教職実践研究科 生徒指導力高度化コース 教授。
著書に『新訂版 入門生徒指導』（学事出版）、『アメリカ合衆国における学校体罰の研究―懲戒制度と規律に関する歴史的・実証的検証―』（風間書房）などがある。
講演・研修依頼等のご連絡　noriko@kyokyo-u.ac.jp

著者

森口　光輔（もりぐち・こうすけ）

京都教育大学大学院 連合教職実践研究科 学校経営力高度化コース修了、教職修士（専門職）。現在、京都市立小学校 教頭。2013年11月、京都市教育委員会より「第12回教育実践功績表彰」受賞。著書に『誰のため 何のため　できてるつもりのアクティブラーニング』（学事出版）がある。

やってるつもりのチーム学校《がっこう》

協働《きょうどう》が苦手《にがて》な先生《せんせい》たちも動《うご》き出《だ》す校内連携《こうないれんけい》のヒント

2017年8月15日　初版発行

編著者――片山紀子　　著　者――森口光輔

発行者――安部英行

発行所――学事出版株式会社

〒101-0021　東京都千代田区外神田2-2-3
電話　03-3255-5471
http://www.gakuji.co.jp

編集担当　町田春菜
装　　丁　中村泰宏
イラスト　松永えりか
印刷製本　電算印刷株式会社

ISBN978-4-7619-2349-5 C3037